SHODENSHA
SHINSHO

家問題——1000万戸の衝撃

知弘

祥伝社新書

はじめに　地方に残された親の不動産

日本は少子高齢化が進展している、今では耳にタコができるほど、メディアなどでくりかえされてきたセリフですが、このことを聞く多くの日本人は、

「そんなこと言われても自分には直接関係ないし……」

と思われているのではないでしょうか。

実際に自分自身が日々生活をしていく中で、少子高齢化を実感する機会は多くありません。街中を歩く人々を見て、以前に比べるとずいぶんとお年寄りが多くなったとか、自分も白髪《しらが》が増えて歳《とし》を取ったものだ、といったくらいしか感じることがないのです。

ところが実際には、あなたの身近に、あなた自身にふりかかる深刻な事態が今、刻々と迫りつつあるのです。

先日、私が以前勤務していた会社の先輩のＡさんからご相談をいただきました。Ａ

なりになりました。齢《よわい》90歳、大往生です。

さんは60歳。ご実家は九州で、この春一人暮らしをされていたお母様がお亡《な》くなりになりました。齢《よわい》90歳、大往生です。

Aさんにはお姉さまがいますが、ご主人と埼玉県内の一戸建てにお住まい。今さら九州に戻るつもりもないとのこと。Aさんとて都内のマンションで大学生の娘さんと3人暮らし。地元にはもはやほとんど縁もゆかりもない状態です。

「おふくろが亡くなって、この家どうするんだって話になったんだけどさ。姉貴は戻るつもりはまったくないし、おれだって今さら地元に戻っても知り合いも少ないし、だいいち女房がぜったいに反対だろうしね。さてどうしようかと思っているんだ」

「それなら、人にお貸しになるか、思い出が多い家かもしれませんが、お売りになるとかされればよいのでは？」

と私。

「そうできればいいんだけどさ、今どきこのあたりじゃ家を買う人も、ましてや借りてくれる人もいないわけ。近所の不動産屋に聞いたってつれない返事しか来ないしね。で、どうすりゃいいの、教えてよ」

地方にある親の家の問題。話にはときおり聞いていましたが、現実にご相談をいただくと、これはけっこうな難問です。そしてこの問題、別に珍しいケースではないことが容易に想像できます。

なぜなら、高度成長期から平成初期に至るまで日本は国民大移動の時代。多くの人々が地方から東京、大阪、名古屋をはじめとする都市圏に移動、ここで新たな生活を営《いとな》むようになったのです。Aさんに代表されるこのような人たちも、会社で定年を迎える頃、地方に残してきた親御さんが病気をされたり亡くなったりして、さて家の問題となります。

昔のように兄弟がたくさんいて、基本的には長男が地元の家を継ぎ、次男や長女は東京へ、という構図は少なくなり、地方に残された親の家が家族の大問題になってきているのです。地方の人口の減少も顕著で、Aさんの家のように「貸せない」「売れない」家が増えていることも頷《うなず》けます。

ところで、この問題はひとえに地方だけの問題なのでしょうか。

興味を持った私は首都圏に目を転じて、この現象を追ってみることにしました。すると、Aさんの家の問題は、地方出身者のみならず、都市圏、それどころかすでに「首都圏の問題」＝「日本国の問題」になっていたのでした。今後20年の間に多くの方が直面するのが、この空き家問題です。

そして、この問題はさらに深刻になりこそすれ、解決への道が容易ならざることに震撼《しんかん》させられました。不動産は資産、財産の礎《いしずえ》と古来ずっと考えられてきましたが、どうもこの法則が日本では揺らいできている。そして今こそ、この問題の解決に知恵を絞《しぼ》るべき時だと考え、本書を執筆しました。

それでは日本国の空き家問題、ご一緒に考えていきましょう。

二〇一四年五月

牧野《まきの》知弘《ともひろ》

目次

第2章　空き家がもたらす社会問題　49

第3章　日本の不動産の構造変革　97

第4章　空き家問題解決への処方箋　151

第5章　日本の骨組みを変える　197

第1章　増加し続ける日本の空き家

空き家1000万戸時代への突入

今、国内で「空き家」としてカウントされる家はどのくらい存在するのでしょうか。

総務省では5年に1度の割合で全国を対象に「住宅・土地統計調査」を行なっています。平成20年（2008年）の調査結果によれば、国内の住宅総数は5759万戸、平成15年（2003年）から比べると、人口の伸びがない中で、5年間に370万戸、6・9％も伸びています。一方空き家数は住宅総数の増加率を上回る14・6％、97万戸も増加し、総数では757万戸に達しています。これを総住宅数に占める割合（空き家率）でみると、13・1％になります。前回調査で12・2％ですから、作れば作るだけ空き家の割合がどんどん増加していくのが今の日本の状況ということがわかります。

さて、この増加の状況ですが、このままいきますと、平成32年（2020年）の東京五輪開催の時にどうなっているのでしょうか。過去5年間で97万戸、つまりこのまま毎年20万戸空き家が増加していくと仮定した場合、平成32年（2020年）までに

住宅総数および空き家率の推移

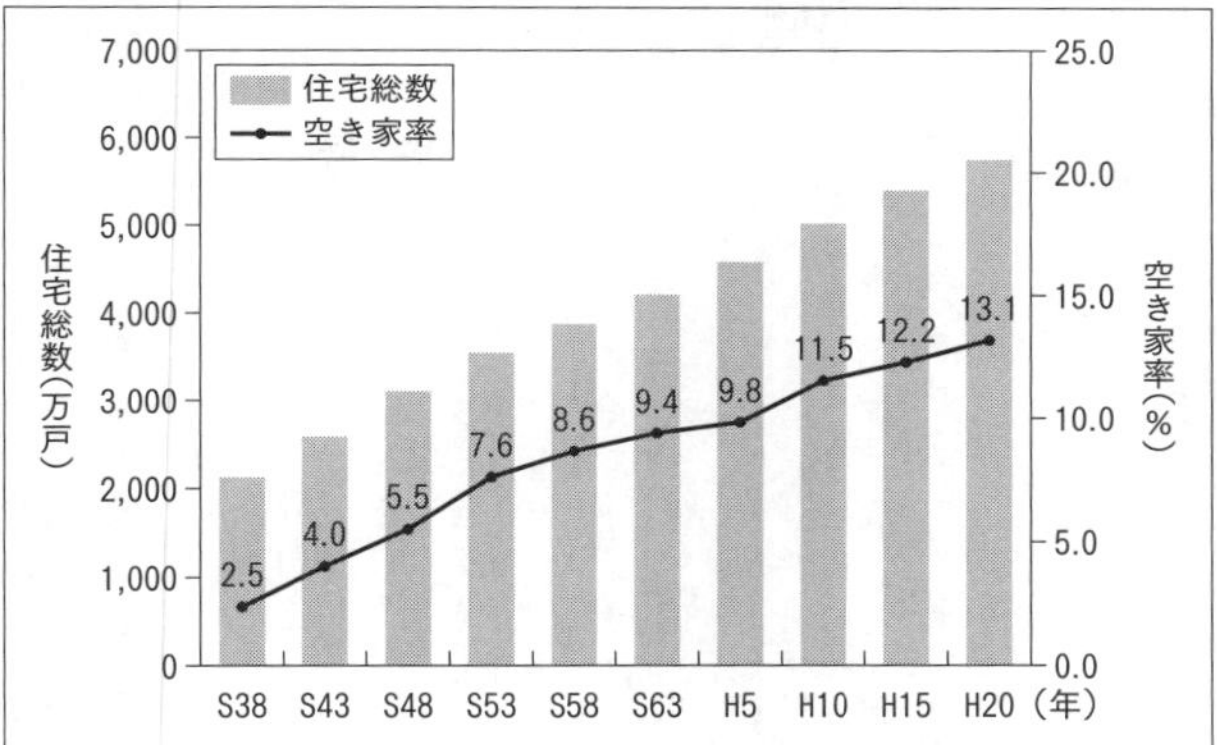

出典：総務省「住宅・土地統計調査」

プラス２４０万戸となり、空き家数はなんと１０００万戸の大台に到達してしまいます。

住宅総数はどうでしょうか。住宅総数の増加でみると、平成10年（１９９８年）から平成20年（２００８年）の10年間で増加した住宅数は７３４万戸、つまり平均して毎年約73万戸の増加を続けていることになります。

この増加数が今後も変わらないと仮定しますと、平成32年（２０２０年）には住宅総数は８７６万戸増加し、総数は６６３５万戸。空き家が１０００万戸とすれば空き家率は15％を超えることが予想されます。

日本は、戦後一貫して住宅数が増加を続けてきました。このグラフは日本の住宅着工戸数の推移ですが、平成になってから漸減傾向にあったものの、平成10年（1998年）以降はおおむね着工戸数は100万戸から120万戸で推移してきました。リーマンショックによる一時的な減少はあったものの、その後数値は徐々に回復。平成25年度の着工戸数は約98万戸になっています。この中には単純な建て替えも含まれますので、この数値が総住宅数の直接の増加数には繋《つな》がらないものの、国内では安定的に新築住宅が供給され続けてきていることがわかります。

このように、今までの住宅総数の推移や空き家数の推移を単純に延長していっても、空き家率はどんどん増加していきます。では、このままの状態で空き家は増加し続けていくのでしょうか。空き家が増えると、治安を含めていろいろな問題が起こってきそうですが、私たちの生活にも影響を及ぼしてくるのでしょうか。

最近、メディアでも、ようやくこの問題を論じるようになってきました。しかし、現在語られていることの多くは、空き家の存在という「事象」面のみを取り上げたものが主体となっています。つまり、

新設住宅着工戸数の推移

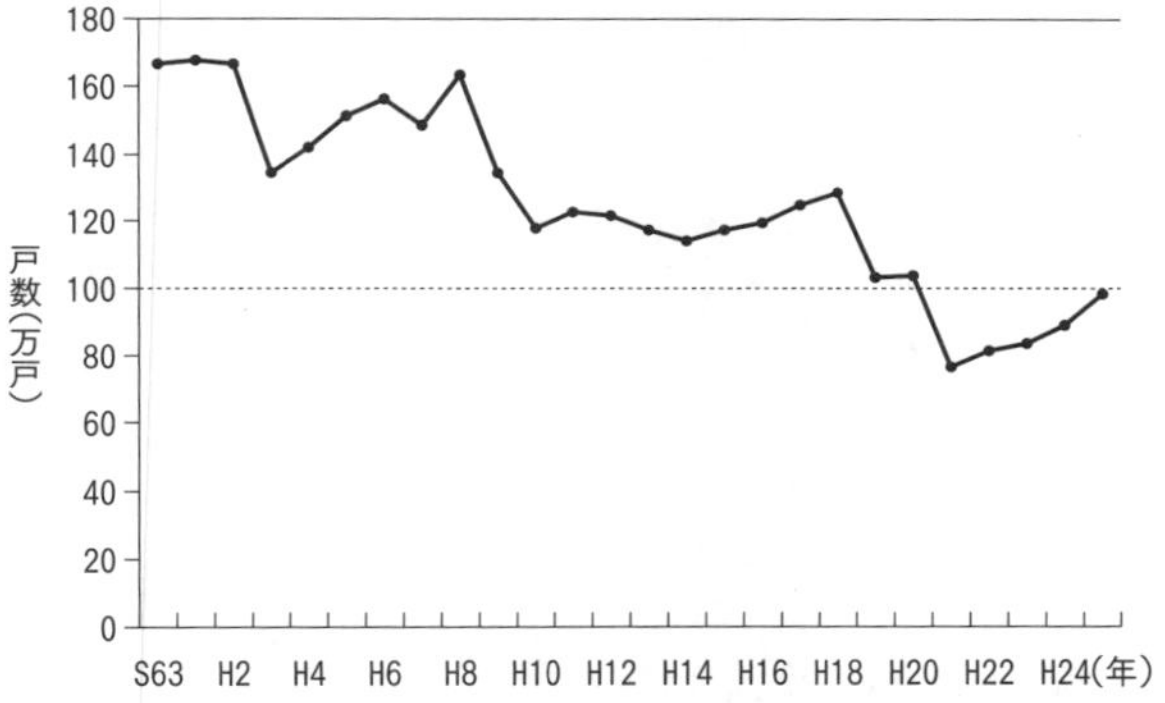

出典：国土交通省「建築着工統計調査報告」

「増え続ける空き家をどう扱うか、始末するか」

といった対策論です。社会の迷惑だから排除しよう、見えなくしよう。あるいは空き家が生じないようにしようといった議論もありますが、いずれも問題の解決にはほど遠い内容のものばかりというのが印象です。

この問題を表面的にとらえていても、実態は見えてきません。なぜならこの現象の背景には実はもっと深刻な「日本国の実情」が隠れているからです。今後この空き家問題は日本の構造的な問題に深く関連し、私たちの生活にも一定の影響を及ぼしていくものと考えられます。そしてこの事態はひいては日本人の持つ経済、あるいは不動産に対する価値観にも、おおいに影響を及ぼす可能性があるといえるのです。

人口が急減し、日本から働き手がいなくなる

国立社会保障・人口問題研究所の推計によれば、2050年に日本の人口は9700万人になるといいます。人口推計というのは、それほど困難な予測ではありません。平均余命の伸びと出生数の予測の幅でしか、基本的には大きな人口数値のぶれは発生しないからです。

政府もこの事態はよく理解していて、経済財政諮問会議の下に置かれた「『選択する未来』委員会」では2060年の日本の人口を1億人に維持することを国家の目標とするよう提言しています。具体的には1人の女性が生涯に出産する子供の数を示す出生率を現在の1・41から2・07以上にしようという意欲的な内容です。そのために出産・子育て支援のための予算を現在の3兆円から2倍に増やすなどの具体策も盛り込んでいます。

問題に気づき、そのための対策を掲《かか》げることは大変重要ですが、一方でもう少し冷静に事態を分析することも必要です。つまり、目標が単なる数字のお遊びで終わっていないか、よく考えることです。

実態としては日本が今後人口政策を根本から変更して大量の移民を受け入れるなどしないかぎり、国内政策だけで人口の維持、増加を達成できるほど現実の日本における事態は甘くありません。なぜなら今、どんなに出産を奨励し、あるいは育児用の施設を整備し、育児のための各種支援制度を拡充したところで、実際に出産が可能な年齢の女性の人口自体がどんどん減少する中では限界があるからです。

出生数は平成25年（２０１３年）で１０３万７０００人。出生率は16年ぶりに１・4台に回復したという状況ですが、出生率の回復はともかく、出生数自体の減少が続いているのはまさに出産可能な女性の数が減り続けているからなのです。

今後20年間で出産可能な女性の数はさらに3割減少することがわかっています。この状況下では、現在の出生数を確保するだけでも出生率を１・８にしなければ計算は合わないこととなります。しかも年間１００万人程度の出生数では今の日本の人口減

20～39歳代女性人口予測

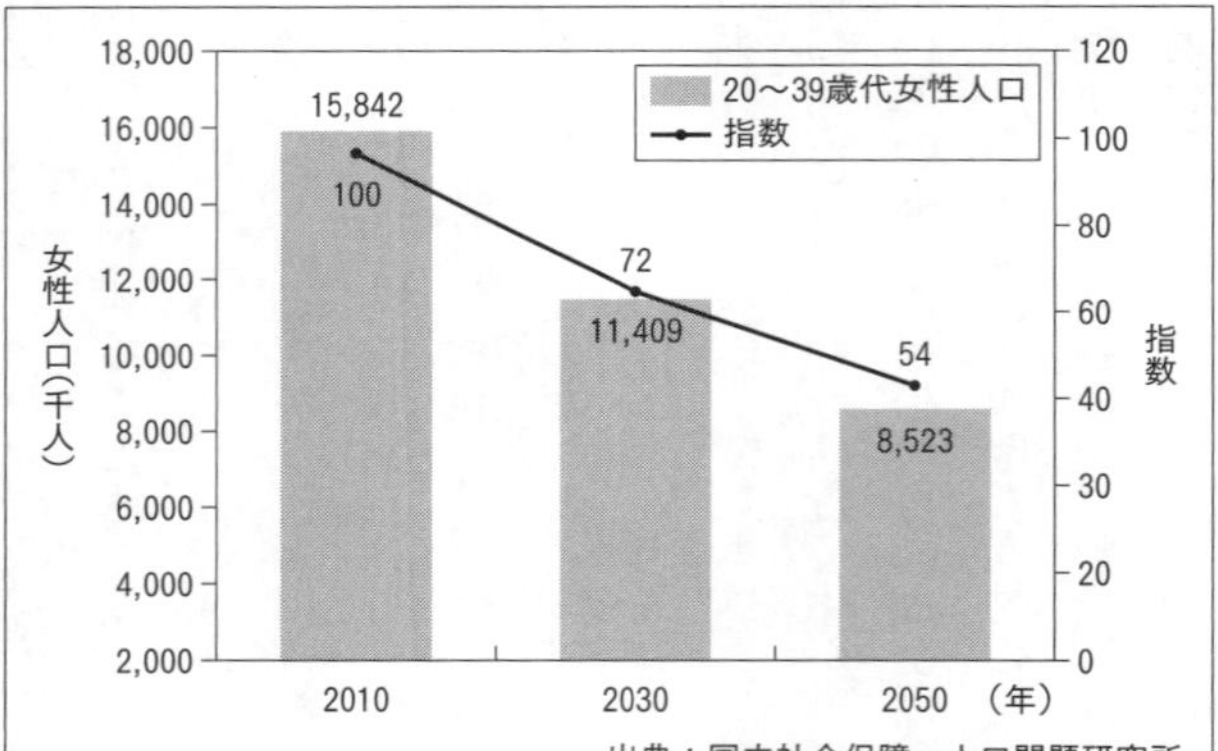

出典：国立社会保障・人口問題研究所

少はそもそも食い止められません。

ちなみに政府目標とされる２・07の水準というのは１９４０年代後半のベビーブームから１９７０年頃の出生率です。この頃の家庭ではだいたい子供は３人があたりまえ。中には４人、５人兄弟もけっして珍しくない時代でした。出産が可能な女性でもさまざまな理由によって全員が出産をするわけではないので、２・07でも一般的なイメージはどの家にも子供がたくさん、という環境となるのです。

一方で、人口の減少は大問題と言われても、特に中高年の人にとって、あと35年先、という話ははっきりいって「絵空事」

になっているのも現実です。なぜなら35年後に自分がこの世にいない可能性が高いということになると、人間はどうしても真面目《まじめ》に物事を考えたり、議論したりできなくなるのもしかたのないことだからです。問題先送り、というやつです。

しかし、実は人口の大減少社会の到来は、２０５０年などといった先の話ではなく、すぐそこにある危機といえます。いわば、今の私たちはナイアガラの滝の一歩手前の濁流に浮かぶ木の葉のような状態にあるのです。

たとえば、もう少し時間軸をせばめて考えてみましょう。同研究所の推計によれば、２０３０年の日本の人口は１億１６６０万人とのことです。現在よりも１０００万人、率にして約９％の減少です。

９％と言われてもあまり実感がないかもしれません。しかし、現在の東京都23区の人口は約９０７万人と言われています。ということはこの15年の間に東京都23区の人口に匹敵する人々がまるごとこの国から消滅することになります。このように表現を変えて数値をみると、感じ方も変わってきます。

これを生産年齢人口と称される社会の担《にな》い手《て》（15歳から64歳までの人口）の数でカ

人口減少と高齢者割合の増加

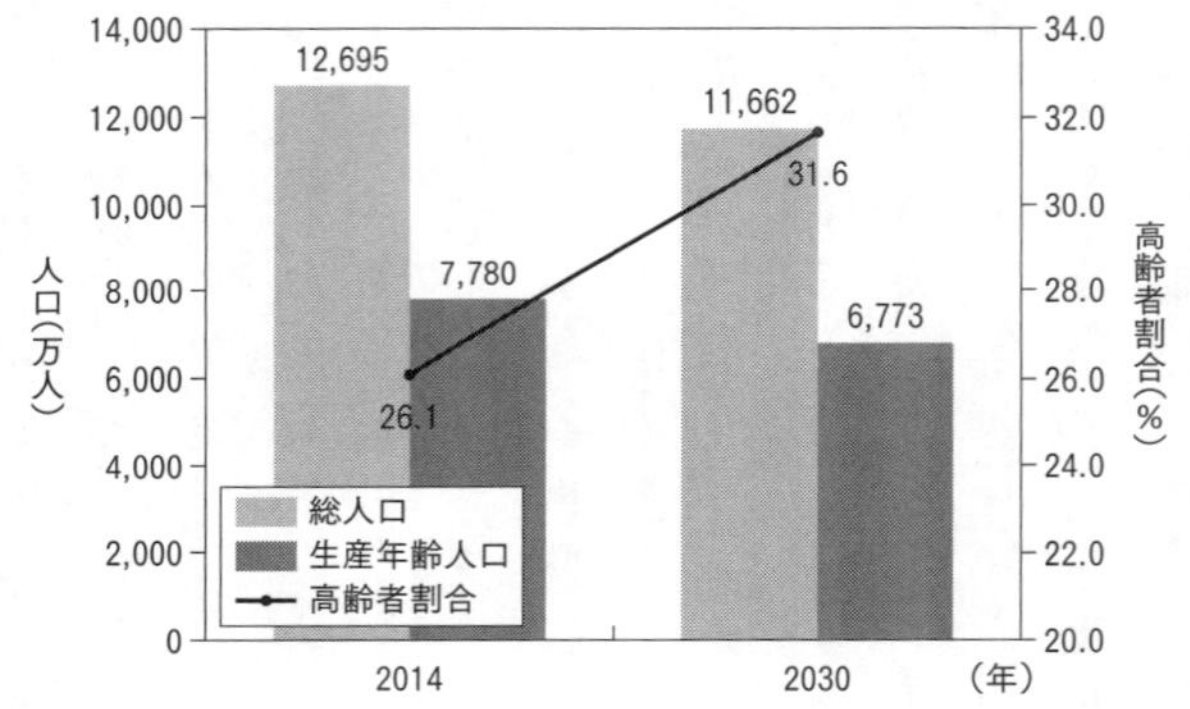

出典：国立社会保障・人口問題研究所

ウントすると、事態はさらに深刻なものとなります。２０３０年、日本の生産年齢人口は６７７３万人、２０１４年に比べて約１０００万人、約13％もの減少。全人口に占める働き手の割合も現在の61％程度から58％にまで低下してしまうのです。

つまり、毎日働き、家族を持ち、大量の消費を担うはずの「働き手」が、今後日本からどんどんいなくなってしまう。これがこれからの日本の社会の現実なのです。

一方で高齢者と言われる満65歳以上の人が全人口に占める割合は２０３０年で約31・６％（現在は26・１％）にも達し、社会の活力は大幅に低下することが予想されています。

いわば全体の人口減少数のすべてが、生産活動に従事する「社会の担い手」の減少数となってしまうのが、日本の人口減少問題が深刻であることの証《あかし》です。これはかなり大変な話です。働き手が減る一方で、どんどん増加する高齢者を養っていかなくてはならないのですから。

人口の総数が減少して、質が変化する。社会の担い手が減少する中で、これからの日本が今まで通り、住宅をせっせと作る。みんなが新しい家に住む、あるいは住み替えていくなどという今までの方程式が今後も成り立っていくのでしょうか。人間はどうしても今の事象、現在の方程式が未来永劫《えいごう》続くものと考えがちです。しかし、この考えを支える「ひと」というインフラの変容は要注意です。

空き家数の増加の背景には、日本の持つ構造的な問題の顕在化が垣間《かいま》見《み》えます。またおそらくこの数値の今後の変化、悪化は、さらにこの日本国の問題をクローズアップさせるのではないかと危惧《きぐ》します。

本当に大丈夫なのでしょうか。

空き家の実態とは、どのようなものなのでしょうか。

個人宅の空き家は激増

ひとくちに空き家といってもいろいろなタイプがあります。賃貸マンションやアパートの空室も空き家、別荘だって空き家です。空き家は個人の問題であるとともに、当然ですが貸家、アパートを営む大家さんの問題でもあるのです。そこで、この空き家をもう少し詳しく分類しながら、問題の本質を考えてみましょう。

まずは日本の住宅総数をみてみましょう。平成20年（2008年）の時点で、日本の住宅総数は5758万戸です。もちろん、すべての住宅に人が居住しているわけではありません。そこで統計では、住宅総数を「居住者世帯」と「非居住者世帯」の2種類に分類しています。このうち居住者世帯が4960万世帯。よく日本の世帯数は5000万世帯などと言われるのはだいたいこの数値のことです。

一方で人が居住していない住宅＝「非居住者世帯」とはどのようなものがあるのでしょうか。統計調査時点で「建築中」あるいは「修繕中」の世帯がありますのでこれ

日本の住宅世帯構成割合（平成20年）

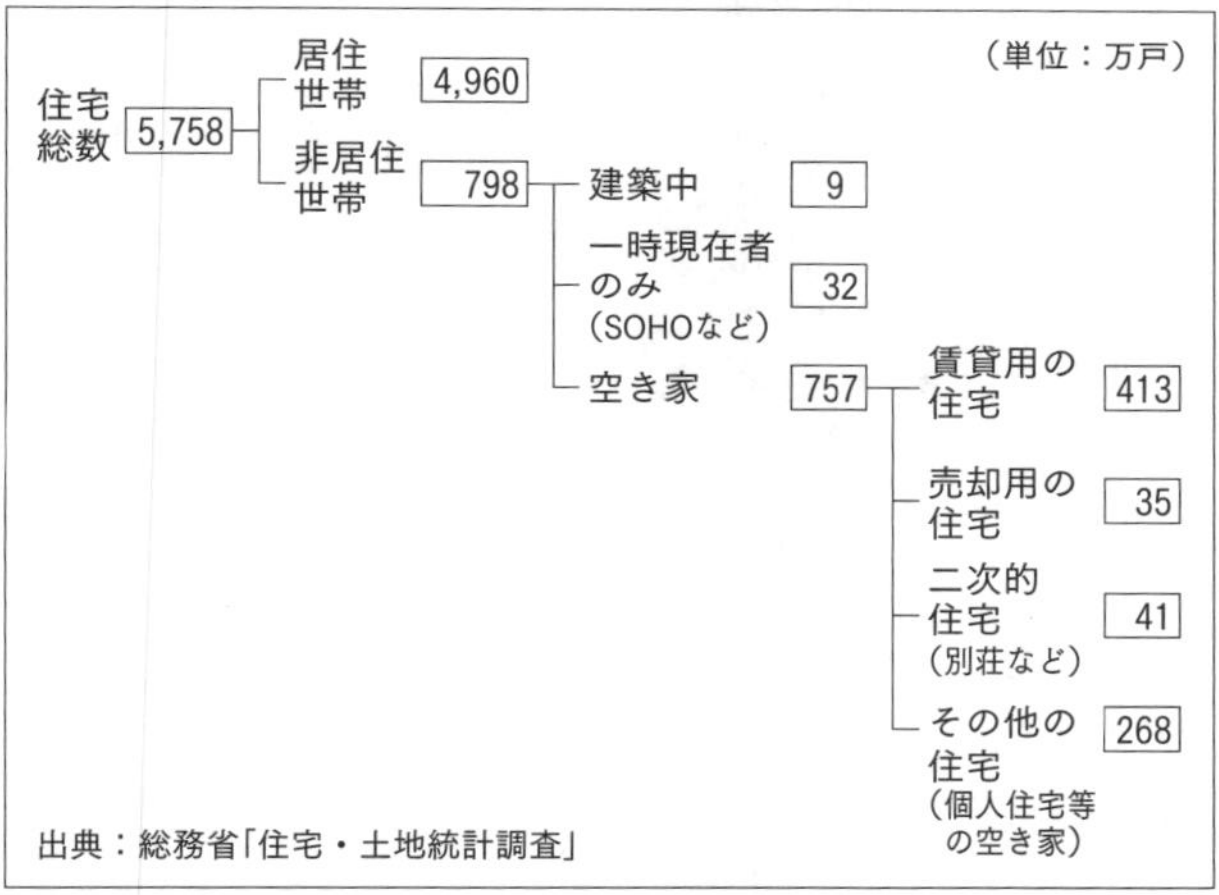

らの住宅は居住していない、つまり非居住者世帯ということになります。

またＳＯＨＯ（スモールオフィス、ホームオフィス）と呼ばれるように、住宅用の部屋であっても実際には居住せず事務所などとして使われている世帯（統計上では「一時現在者のみ」と表現します）も存在します。

非居住者世帯数は、これらの数値と実際に空き家となっている世帯の数値とを足したものとして発表されているのです。平成20年（２００８年）の調査では非居住者世帯は７９８万戸、そのうち空き家が７５７万戸となるのは、これらの

「一時的に空き家になっている世帯」を除いた数値を発表しているからです。

さて、空き家です。総務省ではこの空き家をさらに「賃貸用の住宅」「売却用の住宅」「二次的住宅」「その他の住宅」に分類しています。「二次的」とはいわゆる別荘などがこれにあたります。「売却用」とは売却できずに空き家のままでいる住宅のことです。そして本来個人の居住用の住宅であるのに居住者がなく放置されたAさんの実家のような状態の住宅は、この分類では「その他の住宅」に定義されます。

これらの分類に基《もと》づいてデータをみますと、空き家の約半数が賃貸住宅の空き家であることがわかります。賃貸用に供《きょう》していても、賃貸マーケットの状況や建物の老朽化などで空室になる。あるいは一定の入替が生じることで、常時一定数の空室が空き家面積としてカウントされます。総務省の調査でも昭和58年（１９８３年）から賃貸用住宅の空室のカウントを始めており、その数は毎回増加を続けています。

しかしもっと事態が深刻なのが、主に個人用の住宅に供されていた住宅が空き家になっている「その他の住宅」の数値の変化です。

その数は平成20年（２００８年）の調査では２６８万戸、空き家全体のなんと35％

空き家の内訳（平成20年）

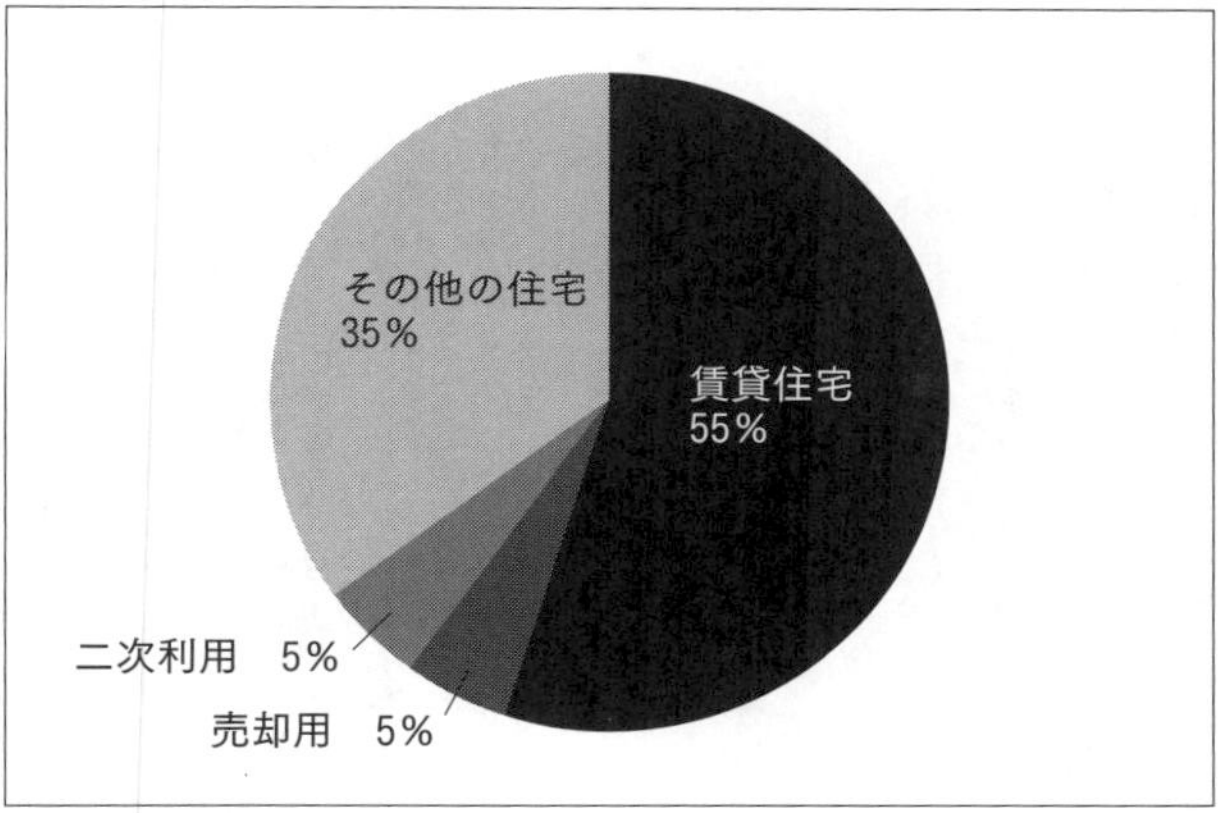

空き家数の伸び率（平成15年／20年）

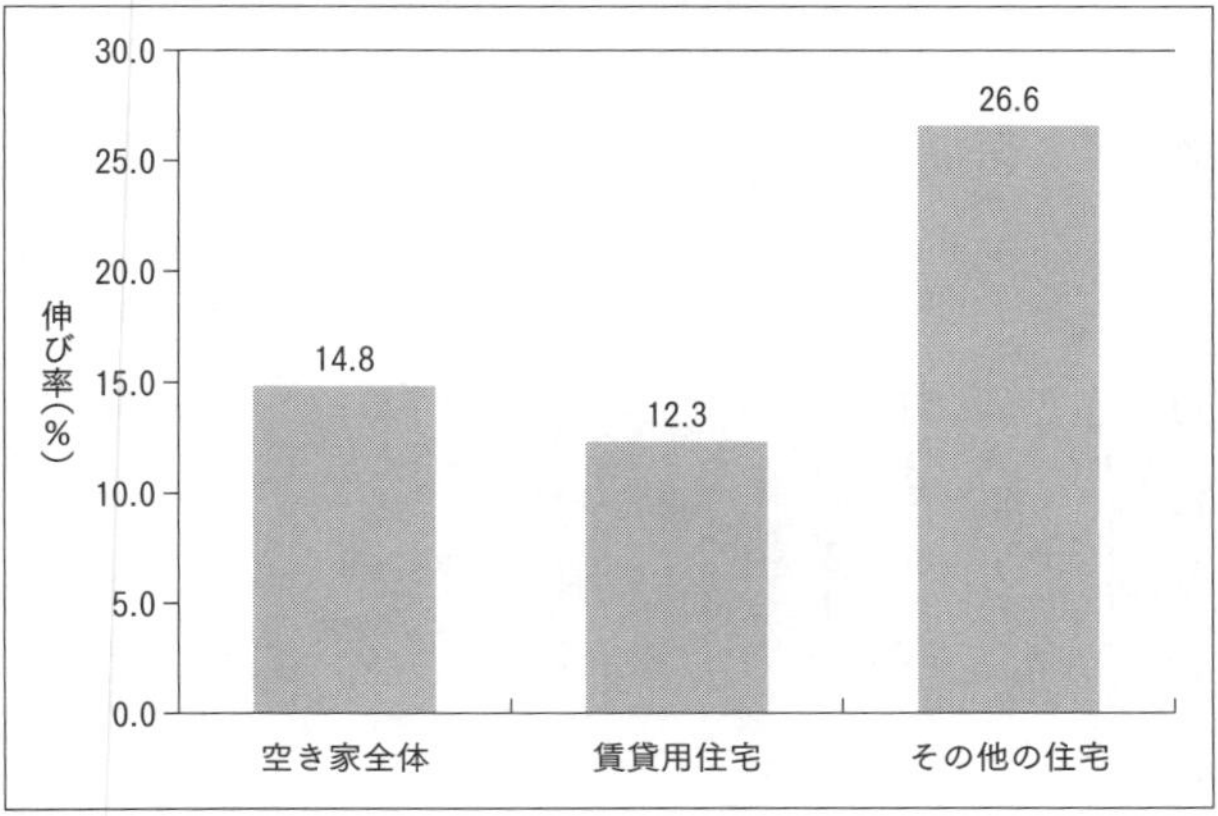

に達しています。そしてその伸び率は空き家数全体が前回調査に比べて14・8％増加しているのに対して「その他の住宅」は26・6％もの高い伸びを示しています。

個人住宅の空き家を示すこの「その他の住宅」の数値の伸びは、いったい何を物語っているのでしょうか。賃貸用の住宅でも、空き家の数は順調に伸びています。個人用の住宅も賃貸用の住宅も、みんな空き家になっている。このままの状況が続くと、世の中はいったいどうなっていくのでしょうか。

世帯数増加の理由

住宅の数が増える以上に空き家が増えているということは、実際には社会インフラとしての住宅がすでに国内では満たされているということを示しています。

首都圏の新築マンションは、平成25年（2013年）で約5万6500戸が供給されました。関西圏で約2万5000戸、中京圏で約6000戸、つまりこの3大都市圏だけで約8万7500戸の新しい住宅が供給されています。さらに戸建て住宅も同年、約54００戸が供給されていますので全体では約9万2900戸もの新しい住宅

単身者世帯の推移

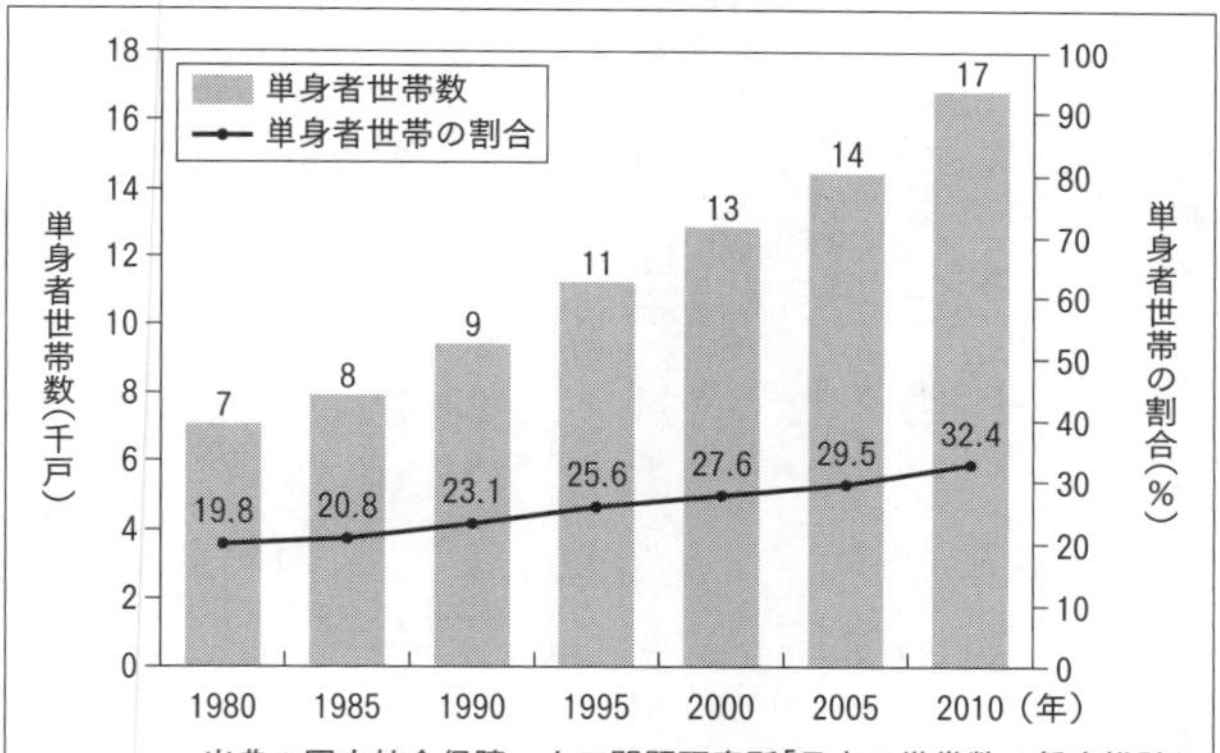

出典：国立社会保障・人口問題研究所「日本の世帯数の将来推計」

世帯数の増加指数推移（昭和58年＝100）

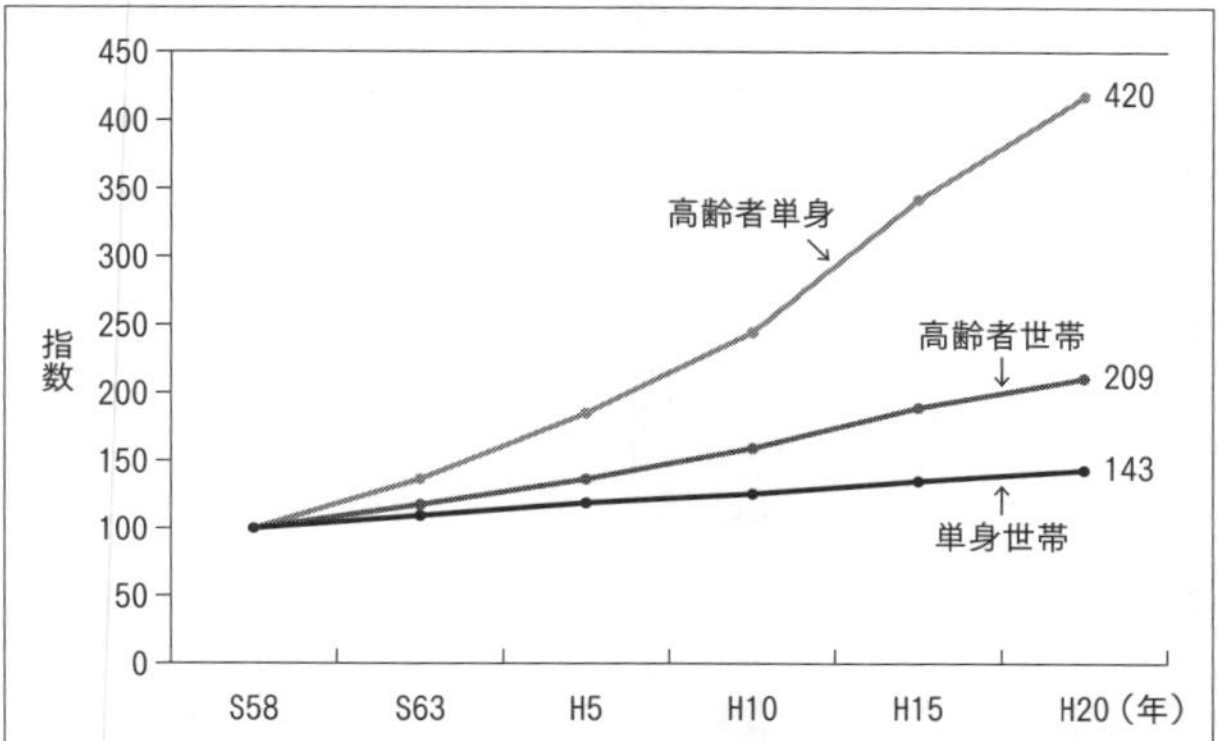

出典：国立社会保障・人口問題研究所「日本の世帯数の将来推計」

が3大都市圏で出現していることになります。その裏側で全国では毎年20万戸の空き家が新たに生じています。

この背景には、世帯数の増加の中でもとりわけ単身者世帯が近年急激に伸びていることがあります。29ページのグラフは世帯数に占める単身者世帯の割合です。昭和55年（1980年）には約19・8％であった単身者世帯の割合は平成22年（2010年）には32・4％にも達しています。

家族が核家族化し、単身者世帯に分割されていく中で単身者世帯が増加する、つまりそのための住宅に対するニーズが膨れ上がっていった実態が垣間見えます。単身者向けのアパートやマンションが増加していった背景にも、こうした家族の形態の変化があるわけです。

ところが最近は、ちょっと様相が変わってきています。社会における年齢構成の変化です。今までは単身者世帯といえば、その多くが地方から出てきた若者、あるいは親から独立をして自ら生計を立てる若者が新たに住宅を構えることによって伸びてきました。それが近年になると、若者の数が減少し、人口の高齢化が進むことによって、老人の単身者世帯が急増しています。

29ページ下段のグラフは昭和58年（１９８３年）から平成20年（２００８年）までの26年間での普通世帯数の伸びと、このうち高齢者が住む世帯数の伸びを表わしたものです。

世帯数は今まで述べたとおり順調に増加を続け、その数は５０００万世帯に迫っています。昭和58年（１９８３年）当時と比べると約43％の増加です。しかし、注目すべきは高齢者世帯の伸びです。

昭和58年（１９８３年）を１００として、高齢者が住まう世帯の数は平成20年（２００８年）には２０９。世帯数全体の伸び１４３を大きく上回る増加です。さらに「高齢者単身世帯」に目を向けると、なんと４２０です。つまりこの25年間で98万６０００世帯から４１３万９０００世帯、約４・２倍の増加ということになります。

世帯全体に占める割合も高齢者単身世帯で昭和58年（１９８３年）にはわずか２・８％にすぎなかったものが平成20年（２００８年）では８・３％に膨れ上がっています。この調子で増加が続けば、日本の住宅の10軒に１軒はお年寄りの「おひとり」住まいということになってきます。

かつては人口の伸びや核家族化の影響で、いわば細胞分裂のように世帯数が分割され世帯数が増加してきたのが、日本の姿でした。現代の日本は、すでにある2人ないし3人世帯が子供の独立や配偶者との死別、離婚などによって、世帯としての規模を縮小しながら高齢者単身世帯に収斂《しゅうれん》していくという姿に変質してきているのです。

一方で現代日本は、都市部での地価の下落や容積率の緩和などの原因から、大量の新築マンションが供給され、交通などが便利な都市部に郊外の住宅地から移動してくる「都心回帰」現象が生じて住宅販売は総じて好調となっています。

今までの住宅ストックが現代のライフスタイルに必ずしも適合しない、したがって人々は自分たちのスタイルに合った新たな住宅を求める。こういった欲求も背景にあるのかもしれません。

この傾向は今後も続くのでしょうか。人口は減少に向かい始め、そして頼みの綱であった世帯総数が今後はいよいよ減少に向かうと言われています。国立社会保障・人口問題研究所の推計によれば日本の世帯数は平成31年（2019年）をピークに減少に転じていくことが発表されています。

肝心の都市圏では相変わらずマンションは「売れ」続けていくのでしょうか。とかく地方の問題ととられがちな空き家問題ですが、実は都市部で大きな問題となりつつあります。今、この都市部でどんなことが起こりつつあるのか身近な実例から説き起こしていきましょう。

首都圏こそが空き家先進地域

私の知り合いのBさんは建設会社にお勤めの58歳。横浜市の郊外にご両親がお住まいでしたが、昨年お父様が亡くなり、今はお母様が「おひとり」で暮らしています。

Bさんは地元横浜の高校を卒業し、都内の大学へも1時間半かけて通学していましたが、就職を機《き》にアパート暮らし。今では結婚をして高校生になる息子さんと３人で都内の分譲マンションにお住まいです。

Bさんが語ります。

「最近、おふくろの様子を見に、地元横浜に帰ったのですが、驚きました。年寄り世帯なので、隣り近所の方々にも気をつけていただくように挨拶《あいさつ》に回ろうと思ったのですが、これが出てくる家々、みんなおばあちゃんの一人暮らしなんですよ。考えてもみれば、僕の小中学校の友達だってひとりも残っちゃいない。男のほうが弱いからですかね。先におじいちゃんが亡くなっておばあちゃんの一人暮らしが圧倒的に多いですよ」

Bさんは、最近めっきり足腰が弱くなったお母様を都内の高齢者専用賃貸住宅に転居させることを検討中ですが、悩みのタネが「残された実家」です。

「もう、誰も住まないし、これから住む予定もないのです。おふくろがいるからまだいいのですが、おふくろがいなくなった後の管理といってもね。正直困っています」

事態の深刻さに興味を持った私は、さらに同じ横浜市内で昭和40年代後半に大手不動産会社によって分譲された別の住宅地にお住まいのお年寄りを訪ねました。

C子さんは、87歳になられた今でも矍鑠《かくしやく》とされ、耳もよく聞こえ、頭ももちろんパーフェクト。私の尊敬するお年寄りのひとりです。C子さんが語ります。

「牧野さん、ここに暮らしはじめて40年以上になるけど、子供も巣立ち、主人も亡くなって今では私ひとりよ。おかげさまで健康で生活上の悩みは特にないけど、ひとつ挙げるとすればご近所がもう空き家だらけなの。10年くらい前から団地内にあったスーパーや雑貨店はみんな閉店してしまったの。買い物に行くのでも昔は車でどこにでも出かけられたけど、今はもう怖くて運転免許も返上しちゃったしね。最寄りのスーパーまで行くにはバスに乗るしかないわ。バスがあるうちはよいけど、これがなくなったらもう陸の孤島だわ」

ここは、Bさんのご実家よりもさらに問題が深刻化しているケースでした。つまり、お年寄りの一人暮らしの増加から事態はさらに進んで、地域内で空き家の比率が増加し、地域を支える商業店舗がなくなり、車を使うことも困難になったお年寄りがバスで他の地域の店舗に買い物に出かけるという、ほんの十数年前、地方で問題となった「過疎地」問題がまぎれもなく、今首都圏で生じているという事実でした。

首都圏で進む高速高齢化現象

今までは地方の専売特許であるかに見えた「少子高齢化」問題。首都圏でもすでに問題が顕在化しているのはなぜでしょうか。この問題を考えるにはまず、首都圏の人口構成の推移をみることです。

37ページ上段のグラフは昭和25年（1950年）からの首都圏（東京都、神奈川県、埼玉県、千葉県）での人口構成の推移を追ったものです。

首都圏では戦後一貫して人口は増加を続けてきました。昭和25年（1950年）首都圏の人口は約1300万人、日本全体の人口が8411万人でしたから、首都圏人口が全体人口に占める比率は15・5％にすぎませんでした。ところが20年後の昭和45年（1970年）になると首都圏人口は2411万人、この間に1100万人以上の増加、率にして85％もの大幅な増加を遂《と》げています。

この高度成長期の人口の激増は当然のことながら、これらの人々が会社で働くためのオフィスや住まうための住宅を必要としました。

急増する住宅ニーズを都心部だけでは吸収しきれずに、ＪＲや私鉄の沿線に住宅地の開発が進み、人口のスプロール現象が生じます。人々は都心の高い地価を敬遠して郊外の住宅を求め、家族を持つ。妻は専業主婦。子供は２人。お父さんは多額の住宅

首都圏人口割合の推移

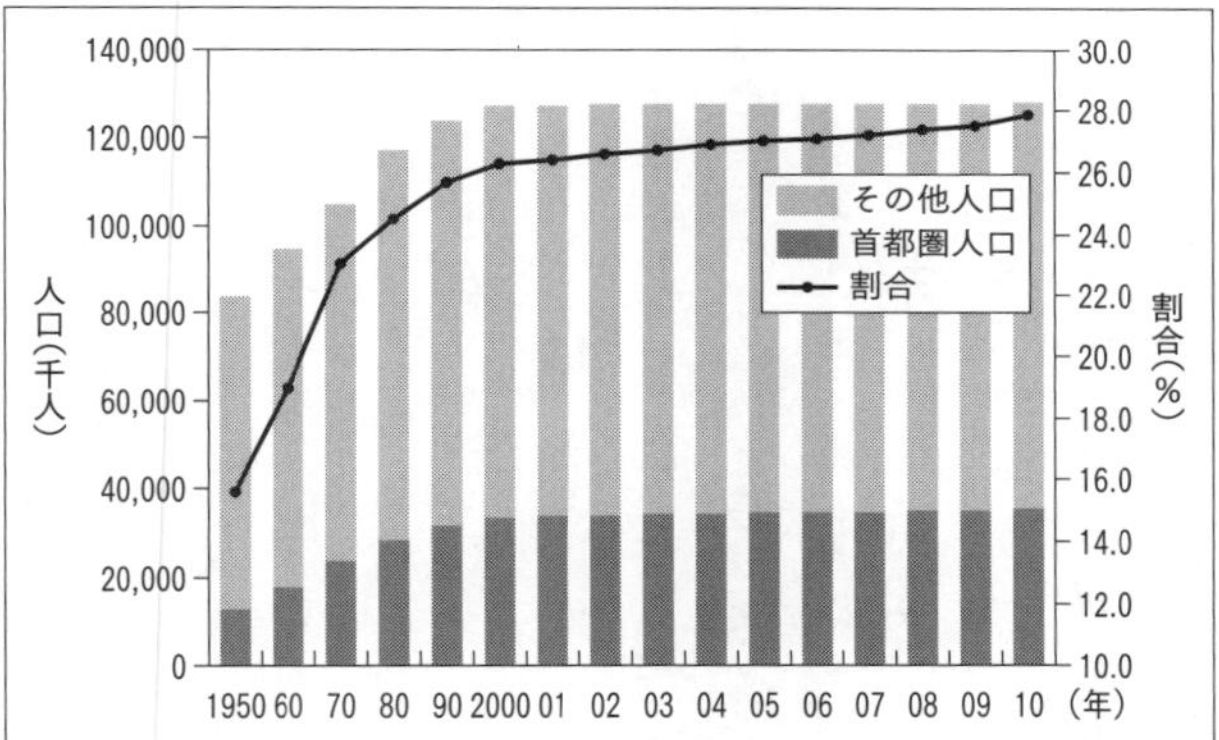

出典：国立社会保障・人口問題研究所「日本の世帯数の将来推計」

ローンにため息をつきながらも、そこは「あこがれのマイホーム」。黙々と満員電車に揺られて通勤します。息子や娘への教育投資もしっかりと行ない、できれば私立の中高一貫、あるいは大学へと自らの夢を子供たちを通して実現させていきました。

この傾向はその後平成12年（２０００年）くらいまで続き、増加率こそ小さくなったものの首都圏の人口は増加を続け、平成12年（２０００年）には３３００万人を超える人々が首都圏に住むようになります。日本人のおおよそ４人に１人が首都圏住まいになったのです。

さてこれを家族の肖像で考えてみましょ

う。日本の経済成長を支えてきたお父さんたちにもやがては手塩にかけて育て上げた子供たちが卒業、就職で家から離れていく時代がきます。夫婦2人だけになってみると、それまでは狭いと思っていた我が家もなんとも中途半端に広く、子供部屋はただの物置へ。それでも昔への郷愁か、はたまた子供たちが戻ってきた時のためか子供部屋は残しておくものの、実際にはほとんど使われていないということになります。そして一生懸命に働いてきたお父さんにも、ついに「定年」がやってきます。

このストーリーは、首都圏の、特に郊外で一戸建てを持つ家庭では、今まではごく普通に考えられてきたことでした。やがては息子や娘が結婚をし、家に戻ってきて一緒に住む。つつがない老後。そして孫、子に囲まれて幸せな一生の幕を閉じる。だいたいこんなストーリーだったはずです。

ところが、どうも世の中の様相が変わってきました。まず、肝心の子供。就職後も結婚などしやしない。はじめのうちこそ家から会社に通っていたものの、「通勤時間が長い」「お父さんのように通勤電車に揺られるのはいや」とか言って、都心の賃貸アパートやマンションに住む。結婚しないから当然孫も生まれるわけがない。女性もほとんどが仕事を持ち、社会でバリバリ活躍する時代ですから、結婚して家に入るという発想は少数派となります。男性も結婚して家庭を持ったら一人前、などと思われた時代は遠い昔。コンビニさえあれば生活には困らないし、だいたい女性が「飯炊き」だった概念などとっくの昔に消え失《う》せています。

子供の世代は意外に冷静です。父親の代のように家を買うことが人生の目標になっていません。不動産価値が勝手に値上がりしていったのは昭和35年（1960年）から平成2年（1990年）まででした。

家は首都圏人口がどんどん膨れ上がっていった時代の産物であり、平成12年（2000年）以降、首都圏人口の増加がほとんどなくなる中で住宅はもう充足していることがわかると、そんなもののために一生をローン漬けにして住宅を買うことのバカらしさについて若い世代はとっくにお見通しなのです。

こうなると、夫婦2人の老後暮らしが長くなります。そしてやがてはどちらかの「つれあい」が亡くなり、一人暮らしになり、自分にもお迎えが来る。誰も自分の家には帰ってこない。このストーリーが待っているのです。

さて、この新しいストーリーを描く予備軍が、首都圏ではものすごい数になっているのです。

現在の統計上の定義で言いますと、65歳以上の方々を「高齢者」といいます。先ほどの人口構成から見ますと、首都圏における高齢者が首都圏全体の人口に占める比率＝高齢者比率は20・7％です。この比率を過去からの推移でみますと昭和55年（1980年）に7・0％でしたからその比率が急伸していることがわかります。

このデータを今後の首都圏における人口推移予測も加えて推測すると、東京五輪を迎える平成32年（2020年）には、首都圏では人口が約3500万人に対して高齢者は926万人、高齢者比率は26・5％になることが予測されます。首都圏で暮らす人々の4人に1人以上がお年寄りというわけです。

このように一気に高齢化が加速する原因として考えられるのが、首都圏における人口ピラミッドの偏《かたよ》りです。

団塊の世代と言われている人たちがいます。団塊の世代とは昭和22年（1947年）から昭和24年（1949年）の3年間に生まれた約800万強の人たちのことを

首都圏人口と高齢者比率

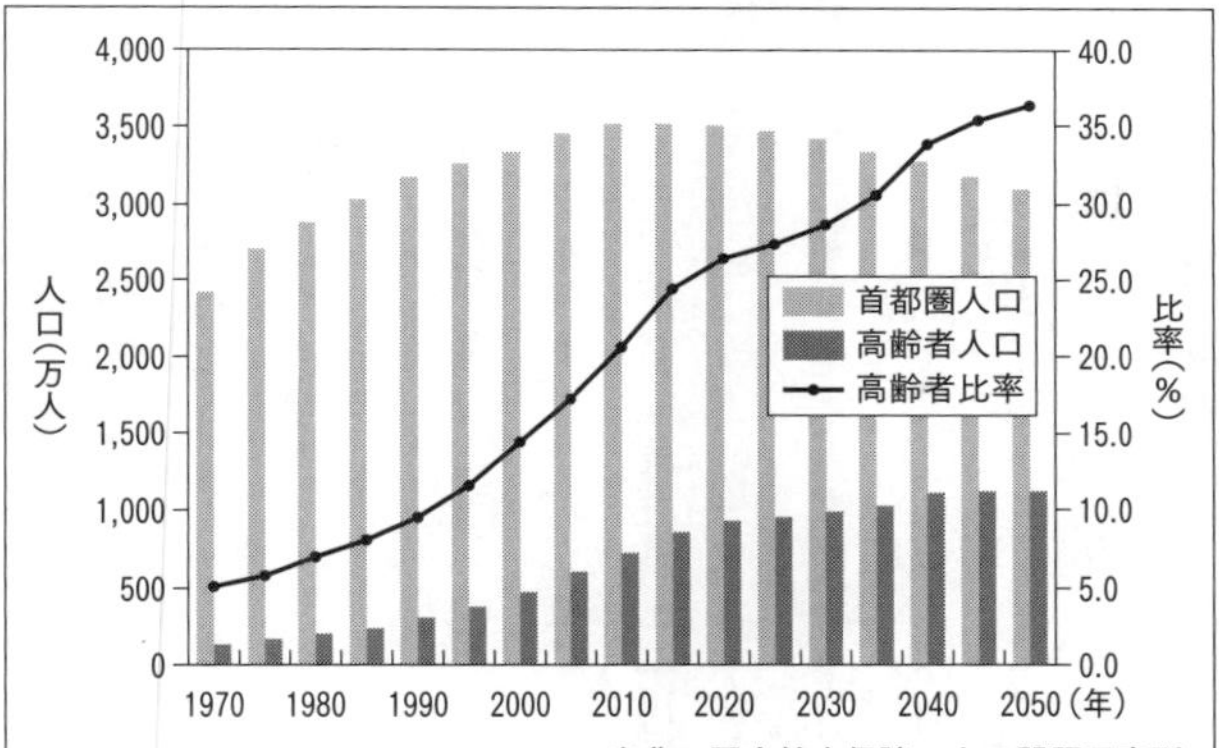

出典：国立社会保障・人口問題研究所

指しています。「世代」といえばなんとなく「50年代」生まれとか「80年代生まれ」と呼ぶように10年程度のタームで考えがちですが、団塊の世代の定義は意外に狭く、たった3年間で生まれた人たちのことを言います。

　さてこの団塊の世代、実は首都圏に大量にお住まいなのです。現在首都圏に住むこの世代は前後の生まれの人たちをあわせて約２５６万人、なんと団塊世代全体数の26%が「首都圏人」です。この方々がすでに65歳に到達されているわけですから、これで高齢者の数が一気に増加することが容易にわかります。

首都圏の人口および世帯数が2015年頃をピークに減少に転じる中で起こる現象は、人口がただ減少するのではなく、まずは「高齢化」が一気に進展したのちに「減少」が加速化するということです。この外部環境の変化の中に「空き家問題」が潜《ひそ》んでいます。

東京における空き家の実態

マンションが飛ぶように売れているといわれる、現在の東京での空き家の実態はどうでしょうか。同じく総務省の「住宅・土地統計調査」からその状況を見るに、やはり着実に空き家の数は増加を続けています。平成15年（2003年）の調査では約66万5000戸だった空き家数は平成20年（2008年）の調査では75万戸と8万5000戸、12・8%もの高い伸びを示しています。

ただ、東京の場合気をつけたいのは、この都市は多くの人々の転入と転出があるため常に一定割合の空き家が存在するということです。賃貸用住宅ではいつも10%くらいの空き家があるのが通常であり、これは人々の移動の多いエリアではよくみられる現象です。

そこで都内の賃貸用住宅の空き家を調べてみると、同じ期間中で46万戸から49万2000戸と約6・9％増加しています。東京都の賃貸用住宅は約340万戸と言われていますので空き家率は約14・5％ということになります。数値としてはやや高いものの、流動性が高い都内の賃貸住宅としてはそれほど問題となる数値ではないと言えます。

むしろ問題は、「売却用」にも、別荘などの「二次的利用」にも該当しない「その他の住宅」つまり個人宅の空き家数です。平成15年（2003年）の調査では14万1000戸だったのが平成20年（2008年）には18万9000戸、なんと34％も増加しているという事実です。

空き家数の増加が東京においてさえ「急増」しているということは、この問題がいかに日本の問題として深刻化しているかを語りかけています。

そういえば、つい先日仕事で杉並《すぎなみ》区方面の物件を見学に行った時のこと、くねくねと細い路地沿いに古い木造住宅や木造家屋がびっしりと並んでおり、ここは昭和の時代となんら変わらないと感じましたが、地元の不動産業者に聞くとやはり空き家は大変多くなっているとのことでした。

「とにかく、おばあさんの一人暮らしが多くて……」

どこかで聞いたのと同じセリフが都内の住宅地でも交《か》わされているのです。

地方都市の悲鳴、賃貸住宅は空室の嵐

ある政令指定都市で長年にわたって不動産賃貸業を営むDさんは、最近業績が下落していると顔を曇らせながらご相談にみえました。「空室」が長引き、収益が悪化する一方だとのこと。

Dさんの営む不動産屋は、もともと人口についてはもうあまり増加が見込めない地域だったものの、これまでは地域内でも有力な国内製造業が集積し、工場が雇う従業員向けアパートやマンションの賃貸などで潤ってきた街です。

一時は日本人にかわって中南米、ブラジルやアルゼンチンなどからも大勢の外国人労働者がやってくるために、彼らを雇う企業と一括契約を結び、安定した業績を重ね

てきました。ところがリーマンショック以降は、外国人も街を去り、閑古鳥が鳴き始めるとこれらの賃貸案件にはまったく人が応募しなくなってきたそうです。

ちなみに調査してみると、マーケットでの賃貸マンション、アパートの空室率は40%を超えています。街中の物件はまだしも、ちょっと郊外、ましてや閉鎖されてしまった工場の近辺で「寄生虫」のように工場に張り付いて運営されてきたアパートなどは悲惨なことになっています。

この会社では今、さまざまなキャンペーンを展開中です。お部屋を契約してくれる方には、礼金タダはあたりまえ。敷金もなし。仲介費用もなし。あらかじめ家具は備え付けでご用意。引越し費用は当社負担。退去時の原状復旧費用は免除＝いただきません。すごいことになっているのです。

ちなみにこの会社が直接運営している賃貸アパート、マンションの一部ではエントランス脇の1部屋をつぶして、朝食用のサロンに改装。毎朝パンとコーヒーを無料で提供しているとのことでした。これではまるで東横《とうよこ》インです。

Dさんはさらに続けてひそひそ声で言いました。

「もう、はっきり言ってオーナーさんの物件よりも自分の物件が優先だよ。オーナーからの預かり物件のテナントを引っぺがして自社物件に誘致してるよ。仕方ないよ。生きていかなくちゃならんのだから」

賃貸住宅の空室が地方だけの問題なのかと言えば、3大都市圏でも顕在化していま す。とりわけ大阪は深刻な状況で空室率は約20％にも達しています。大阪が深刻なのは首都圏以上に高齢化の足取りが速いことにあります。現在の大阪圏は人口が約1800万人に対して高齢者人口は485万人。高齢者比率はすでに26・9％になりますが、2020年にはこの比率は29・1％、2050年には40％にも達するとのことです。

大阪では、賃貸住宅を被生活保護者の方に積極的に賃貸するオーナーが多いそうです。大阪市は全国でも被生活保護世帯が多いことで有名ですが、こうした方々に賃貸住宅を貸すことの意味は何なのでしょうか。

金額水準は低いものの賃料が確実に取れるからです。被生活保護世帯では生活保護費の中から確実に家賃については大家に支払われますので、

「空室にしておくくらいなら、被生活保護世帯に貸しておけば家賃は入ってきまっせ」

というわけです。なんだか悲しくなるようなお話ですが、オーナーからみれば藁《わら》にもすがりたい気持ちなのでしょう。とりあえず部屋を埋めておくことが賃貸住宅運営の鉄則。大阪人はさすがに鼻がききます。

このように今、日本の各地で賃貸住宅の空き家が急増しています。平成10年（1998年）の調査では全国の賃貸用住宅の空き家数は352万戸、10年後の平成20年（2008年）の調査では413万戸、実に17％もの増加です。以前はアパート経営といえば、安定した家賃収入が得られる土地の有効活用の優等生でした。

多くのハウスメーカーやアパート業者は一定の賃料保証をつけるなどして、安定したアパート経営の手助けをしてきました。それでも賃料保証期間等がすぎると、もともと営業力のない個人オーナーなどは空室の穴埋めに悩むようになります。借入金の返済もままならないオーナーも出現するに至っては、とにかく空室を埋めるために価格をダンピングします。先ほどの地方都市の例のように、あらゆる付帯サービスまでを付して店子《たなこ》の獲得に躍起《やっき》になっているのです。

第2章　空き家がもたらす社会問題

人口の急激な減少と高齢化の進展は、今後の日本において「空き家問題」を相当に深刻な問題にする可能性があることを前章で述べました。それでは空き家が増加するといったいどんな問題が起こるというのでしょうか。

この問題についてはこれまではどちらかと言えば、空き家という存在そのものが地域の問題として論じられることが中心でした。つまり、地域内に残された空き家がどんどん老朽化する。管理を行なわないので、庭などが荒れ放題となり、治安が悪化する、家屋の老朽化に伴って倒壊などの危険性が増す、地域の景観を損《そこ》ねる。おおむねこの3点が論点でした。

この対策として、多くの自治体が「空き家条例」のような新たなルールを設定して一定の条件のもとで空き家を撤去することを命じることができるようにしたり、中には自治体によって強制撤去を可能とするような強行法規を備えたものまで登場して、解決に乗り出しています。

しかしこの問題は、このような「対症療法」ではもはやどうにもならないほどの状況になりつつあります。現在論じられている多くの空き家は、現在からすればすでに

20年も30年も放置され、今まさに朽《く》ち果てようとしている家屋に対する対策が論じられているのにすぎません。

ところが現実には空き家は毎年20万戸の勢いで急増を続けています。この5年間で100万戸も増えてしまったのです。これらの空き家はまだ朽ち果てるにはもう少しの時間がかかるでしょう。しかし朽ち果て始めればこれらの住宅が一気に朽ち果て議論の対象となってくるのです。

こうした状況の中で、現在行なわれているような対策だけではそもそも自治体レベルでは限界があると言わざるをえません。また、今では空き家の存在を非難し、その撤去を声高《こわだか》に叫んでいる人たちの中にも今後、ご自身の問題として空き家を抱え込んでしまう危険性が十分にあるということも考えていかなければなりません。

本章では空き家に対する現在までのさまざまな取り組みについては簡単に触れるにとどめ、空き家問題を今後多くの日本人に共通に起こる「社会問題」として考え、この結果として引き起こされる不動産の価値に対する考え方の劇的な変革について論じていこうと思います。

「買い替え」がきかない！　郊外住宅の悩み

神奈川県の郊外。今から数年前、ＪＲの駅前に分譲されたあるマンションの販売現場でのお話です。このマンション、東京まで約50分弱でアクセスできるＪＲの駅前という貴重な立地でした。それまでは大きな工場があったのですが、この工場は海外に移転し、工場跡地ということで敷地は広く、ある大手のゼネコンが土地を買収。ここに約１２００戸の分譲マンションを計画しました。

１２００戸といえばかなりの規模です。しかも販売時期を分けずに一度に分譲するという「強気」の販売条件設定が業界内でも話題となりました。

内容は３ＬＤＫを中心とした間取り70〜80㎡を主体に、価格は４０００万円から５０００万円台です。大規模マンションならではの充実した共用施設。駅前なので商業施設も豊富。そしてなんといっても東京までの軽快なアクセス。販売が強気になるのも当然です。

実際にフタを開けてみると販売状況は好調でした。多くのファミリー層を主体に申し込みが相次ぎました。

ところがここに、それまで想定していなかった新しいお客様が登場しました。70歳代のお年寄りたちです。ご夫婦やおひとりでマンションのモデルルームを見学されに来たのです。販売担当者がそれとなく彼らのプロフィールを探ると、意外な事実が浮かび上がってきました。

そのお年寄りたちのプロフィールとは、みなさん「ご近所」の方々だったのです。しかもこのＪＲの駅からバスでアクセスする丘の上の高級戸建て住宅街の面々だったのです。この住宅街、誰もが羨《うらや》む「超」のつく高級戸建て住宅地です。お住まいの方も富裕層の方が多く、分譲された当時は大変な話題を呼んだ物件でした。

その後もこの住宅地は、エリア内でも最高級立地と呼ばれ続けました。なんといっても土地は１区画で１００～１２０坪。ゆったりした土地に瀟洒《しょうしゃ》な豪邸が立ち並び、価格はひとこえ１億５０００万円は優にする案件です。

しかし、この住宅地は分譲されてからかれこれ40年近くを経ていて当時住みついた方々もだいぶ高齢化が進展しています。そんなお年寄りたちが丘から降りて、駅前のファミリー層が住むマンションになぜ興味を持たれたのでしょうか。

ある販売員の問いかけに対してお客様がおっしゃいました。

「もう、あの丘の上の生活はきつくなってしまったのです。たしかに環境は良いのですが、土地は広すぎて庭の手入れも億劫《おっくう》になったし、家も立派すぎてね。掃除はもちろん、古くなってメンテナンスも一苦労ですよ。近所のお店もなくなってしまって、買い物にも不便になりました。それに比べて、このマンションならいいじゃないですか。駅前だし、買い物も便利。なんといってもすぐに電車に乗ってどこにでも行ける。管理もやらなくていいしね。息子？　いるにはいますがもうここには戻ってこないですしね。頼りにはできませんよ」

あこがれの「丘の上の生活」が続けられなくなった切実な思いが、彼らを駅前マンションへと駆り立てたのです。

ほぼ同じ理由でこの丘の上の住民から、この駅前マンションの販売にあたって多くの申し込みが行なわれたそうです。さて、その結果は。

「全滅」だったそうです。全滅？　私は耳を疑いました。彼らの住んでいるのは高級住宅地。以前より価格は落ちたとはいえ、1億円を下ることは絶対にないエリアです。１億円強で売って５０００万円のマンションに買い替えるのはいとも簡単なように思えたのですが、現実はまったく異なるものだったのです。

販売員によると、「買い替え」が全然できなかったのだそうです。買い替えができない、つまり今お持ちの高級戸建てが「売れなかった」ということです。これには驚きました。価格を強気に設定しすぎたのかと思いきや、価格の問題というよりも「そもそも」このエリアを１億円以上のお金を出して買いたいというお客様がいなかったというのです。

ならば、土地を分割して手ごろな価格で売ればよいのでは？　不動産屋の私はすぐこうしたこすっからい知恵を繰《く》り出しますが、この住宅地は、地域の協定で敷地の分割はご法度となっています。ということは一棟でまともに売れない限り、売却による資金を捻出《ねんしゅつ》するのは難しいお話になってしまいます。

お申込みになられた方々も、さすがに５０００万円のキャッシュをお持ちの方は少なかったのか、最終的には購入を断念されたとのことです。結局住宅ローンを組んで購入できる比較的若い層のお客様がこのマンションの主人公になったのでした。

この事象は現代の日本の不動産事情を明確に語っているといえます。つまり、今まで当然のように成立していた「買い替え」という取引形態が、そう簡単なことではなくなりつつあることを物語っているからです。

つまり、この丘の上の住民たちは、二度とこの丘から降りてこられないのかもしれないのです。もちろん住環境は素晴らしいところなのですから、そのまま住めばよいのです。しかし住み替え、買い替えという選択肢がなくなった彼らは、この地で亡くなるまで住み続けるしかありません。あるいは体が不自由になってくれば、ここを空き家にしてケア施設に入居する。

ここにも膨大な空き家予備軍が控えていることになるのです。不便になってしまった戸建て住宅地。人が増え続ける社会ならば、住宅ストックは常に新しいニーズを汲み取る必要が生じ、過去のストックも繰り返し使われていくことになるのですが、いかんせん今の日本は新たな需要を引き出すことがきわめて難しい国となっています。

家は残念ながら、「ひと」にしか売ったり貸したりはできません。「ひと」に売れない限りにおいては無用の長物なのです。このようにして空き家は日本の社会構造の根本を蝕《むしば》みはじめているのです。

空き家所有者の本音

さて膨大な空き家予備軍が控える中、すでに空き家問題で悩む人たちがいます。どちらかといえば、「空き家は社会の迷惑」といった観点からこれを撤去しよう、空き家にしておくことをやめさせよう、という規制づくりに目が行きがちなのですが、空き家を所有している人たちの声にも耳を傾ける必要があります。

価値総合研究所という日本政策投資銀行系列の研究所が平成25年（2013年）11月に発表した興味深いデータがあります。これは全国の約1万5000人を対象にスクリーニング調査を行ない、「現在の住まい」以外に個人所有の住宅を所有し、その住宅が空き家となっている2187人を抽出、アンケート調査を行なったものです。

この調査によれば、自宅以外で住宅を所有している方の約17％が空き家となっています。今の全国の空き家率が13％であることから考えるにリアルな数値といえます。

この空き家の内訳を見ますと、約74％が戸建住宅というのも実態に近いものと思われますが、注目すべきはそれらの住宅の所在地のほとんどがいわゆる「農山漁村地域」ではなく、「市街地」ないしその周辺部であることです。空き家が田舎にあるからどうにもならない、といった今までの概念では語れないことがわかります。

空き家となっている理由ですが、「相続をしてそのまま」となっている空き家が44%。前に住んでいた家が住み替えなどでそのまま空き家になっているケースが24%と、なんと全体の3分の2が今までは個人宅として活用されていた住宅が、現在空き家になっているという実態を示しています。

また空き家を今後どうするのかについての質問に対しては、約半数の方が売却なり賃貸なりに活用することを考えているようです。

ところが、こうした希望や計画がある反面、実態は厳しいもののようです。空き家となっている住宅の築年数をみると約68%が築20年以上であり、33%が築36年以上となっています。

実際に対策はなかなか成果を上げていないようで、空き家となっている期間を尋《たず》ねると、半数以上がすでに3年以上空き家になっているとのことです。

空き家の立地状況

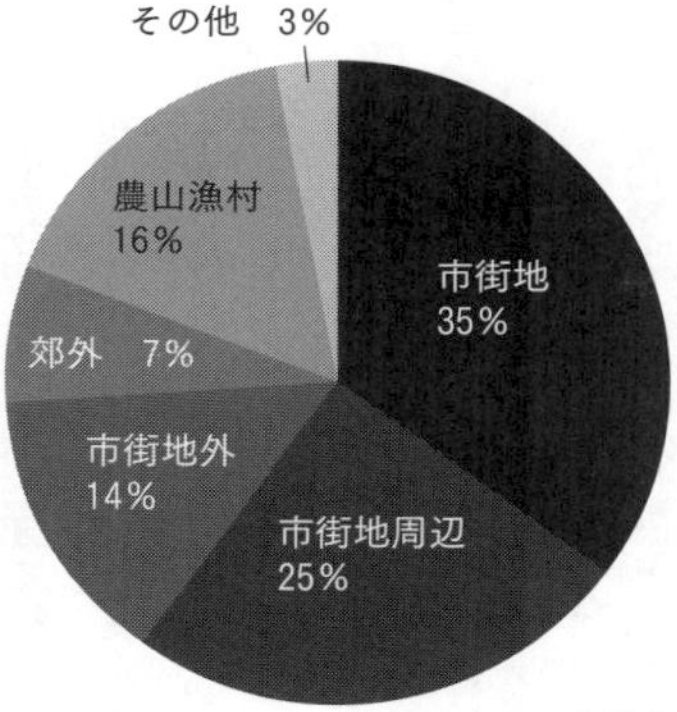

出典：価値総合研究所

空き家への対応状況

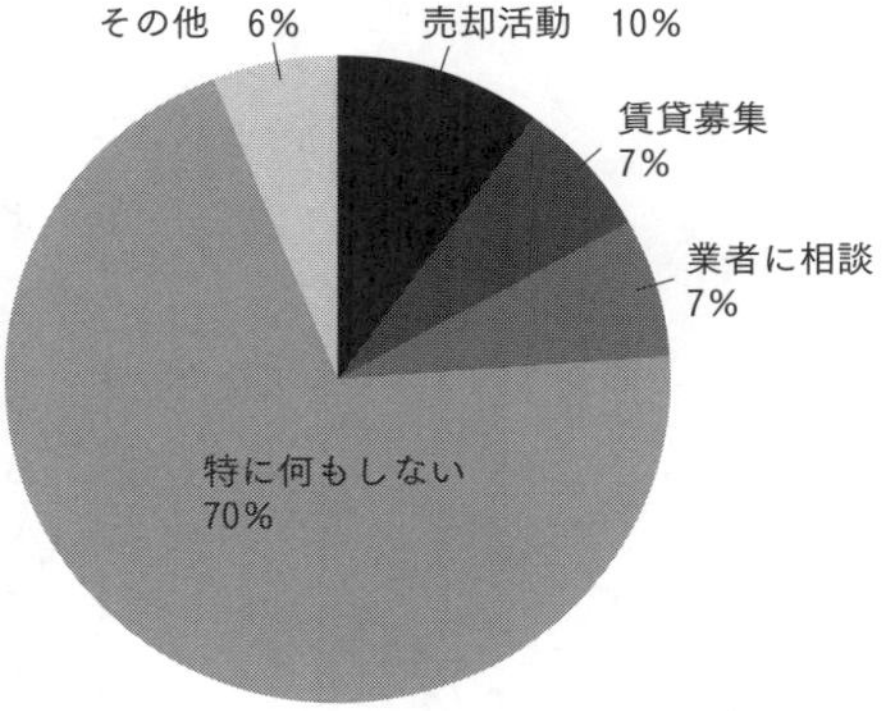

出典：価値総合研究所

空き家についての日常管理はさすがに約8割の方が自分自身、または家族や親せき、あるいは地元の管理会社などに委託して行なっているようですが、13％の方は特に管理せずに放置していることも明らかになっています。

また賃貸や売却活動を実際に行なっているのかと言えば、約7割の人は「特に何もしない」と答えています。つまり、「いずれなんとかしなければ」と思いつつも実際にはアクションは起こさず、あるいは起こすことができずに、「仕方なく」自分で管理している。希望と現実のギャップの大きさに途方に暮れているというのが、どうやら包み隠さぬ実態のようです。

希望としては空き家を活用したくとも実際には「現実的」な話として、このままではどうにも対策の打ちようがないので「ほうっている」状態ということでしょうか。典型的な「問題先送り」状態といえます。

なぜ空き家は放置されているのか

さてこのまま放置を続けていくと、どういった事態になるのでしょうか。先述しましたように今空き家を所有している人の多くは、なんとかしたい、とは思うもののどうにもならない、あるいはどうしてよいかわからない結果、「放置」している状態にあります。

それでも、ご近所の迷惑になってはならないので、細々と管理を続けています。価値総合研究所の調査でも、日常管理を続けているという約8割の方の管理状況は、「風通しの実施」「敷地内の草取り」「郵便物の整理」「外壁や雨漏りの確認」「水回り設備等の点検」などに限られ、空き家に対して根本的に手を加えて市場価値を取り戻そうという動きはごくまれです。

しかし、家は生き物です。人が住まない家は傷《いた》みが激しくなると言われる通り、経年劣化の度合いは居住している家屋に比べると大きいようです。つまりこの程度の管理を続けていても問題の解決にはほど遠く、いずれかの段階で決断をしなければならないのです。でも、その決断とは何なのでしょうか。

日本の人口が増加を続け、経済が安定的に成長を続けていく社会では、常に新たな住宅需要が出現します。そうした状況が続く限りにおいては、家屋が古くて使い物にならなくても土地さえあれば、この土地を評価してここに住みたいという新たなニーズが生まれてきます。家屋なんて取り壊して、また新しい家を建てればよいわけです。

土地が持つ「永続性」がここにあります。不動産の価値はそのほとんどが土地にあるといっても過言ではありません。家屋はたとえどんなにお金をかけて頑丈な家、あるいは高価な素材を使ってきらびやかな家を建てても、所詮は会計上でいうところの「償却資産」にすぎません。つまり年数の経過とともに価値が減じていく資産なのです。

しなければいけない決断とは、この土地の持っている価値を今以上に引き出してやるか、あるいはその価値を他者に売却することによってお金に替えることです。ところが、この本来持っているであろう土地の価値に対して、もはやニーズがどこにも存在しないということになれば、話はややこしくなってきます。

どうも、日本で今着々と進行している空き家数の増大は、不動産価値の変革と密接に結びついているようです。

もし、以前のように土地に対する新たなニーズが湧《わ》きあがる社会であれば、空き家の状態でほったらかすよりも誰しもが、新しく家屋を建て替えて人に貸したり、売却してお金にすることで、さらに豊かな生活をエンジョイする方向に動いたはずです。

ところが、今はそのニーズがどこにもない。そのことを、現在の空き家の所有者は確信はしていなくともうすうす感じていて、「どうせ売れないのではないか」「貸そうにも借手もいないのではないか」と思ってしまい、結果としての放置状態となっているようです。

この現象は、はじめは地方で出現しました。地方のほうが人口の減少も真っ先に訪れましたし、高齢化も大都市圏よりも早く到来しましたので、問題となることが早かったのです。

それが現在は首都圏までを含めた大都市圏にもおよび、いよいよ問題が本格的になってきました。東京都においてさえ、個人用住宅の空き家がわずか5年で34%も増加していることがこの現象を裏づけています。

地方のこと、田舎のことだからまあしょうがないと思っていたことが、本格的な人口減少や高齢化の進展に伴って、いよいよ大都市圏にも波及してきているのが現状なのです。

住宅放置状態の行きつく先

さてこのまま空き家住宅の放置状態が続くと、どのようなことになってしまうのでしょうか。

空き家の所有者の方々は、ささやかながらも今は空き家を管理していると言います。しかし、管理する側だってどんどん歳《とし》をとっていきます。親の高齢化が進み親を介護する側もしんどくなるのと、構造的には似ています。次第に管理状況は手薄になっていき、家屋の老朽化も加速度的に進んでいきます。ちょっとやそっとのお手入れぐらいでは維持が難しく、やがて大規模な修繕や更新も必要になってきます。

しかし、この空き家に手を入れるといっても、その先の展望が開けていればまだしも、何の活用の余地も見つからない家屋に多くのお金をかけるのはだれでもが躊躇《ちゅうちょ》してしまいます。親の残した家財道具だってそのままだし、思い出を壊してしまうのもためらわれます。

つまり、問題はいつまでたっても解決しないどころか、やがて来るであろうＸデーからひたすら目を背けて問題の先送りを続けようとするだけになります。

Ｘデーはいろいろな形でやってきます。雨漏りがひどくなって家財道具が水浸しになる。草取りが間遠になって近所から苦情が来る。柱が傾いて家屋の倒壊の危険性を指摘される。留守中に近所の悪がきが入り込んでタバコを吸っている。などなどトラブルは経年とともに束になって所有者に襲い掛かることとなります。

対症療法を続けてきた所有者も、さすがに堪忍袋の緒が切れます。それでも「売れない」「貸せない」ことがわかってしまうと、アクションを起こす気にはとうていなれません。とどのつまりは、完全な放置です。「もう知らない。どうにもならないのだから私のせいじゃない」くらいに思うかもしれません。自分の家でさえもう子供が戻ってくるアテもないのに、親の家の面倒まで見きれないという気持ちもあるでしょう。

この先、こうした状況に陥《おちい》る人が世の中に大量に発生してくることが予想されます。

なぜなら、この空き家問題はこれからが本番だからです。昭和40年代後半頃から多くの日本人が家を建て、あこがれのマイホームの夢を実現してきました。毎年150万戸程度の新たな住宅が着工され続け、世帯数をはるかに超える住宅ストックが形成される中、さらに都心部を中心に快適さを求めた新しいマンションが続々建設される。この状況下で条件の劣る古屋の多くが空き家として残される。管理できない、維持できないことになった家屋が続々と「放置された空き家」として、地域内での晒《さら》しものに変わっていくのがこれからの現実です。

そして当然のようにして社会問題として論争が巻き起こります。

「あの空き家をなんとかしろ」

「なんとかしたいのですがどうにもなりません」

「どうにもならないって所有者だろっ」

「でもどうにもならないものはどうにもなりません」

なぜこんなことになってしまったのでしょう。事態は悪化の一途のようです。

２０４０年には空き家率40％時代に？

現在の空き家率は13・１％。この値は今後どこまで増加していくのでしょうか。野村総合研究所の推定によれば、今後も平成15年（２００３年）当時と同じ年間１２０万戸の住宅が新たに着工されていくのならば、２０４０年には空き家率は43％に達するという衝撃的なデータを発表しています。まさに「お隣りは空き家」状態です。着工戸数を半分の60万戸に抑制したとしても36％ということですから、事態の悪化は止めようがないということになります。

空き家率が30％を超える社会とはどんな社会なのでしょうか。３軒に１軒が空き家ともなると、まず影響をこうむるのが下水道管のような社会インフラ設備です。空き家であると上下水道をほとんど使用しなくなってしまう結果、管内に「滞水」が生じ、悪臭の原因となったり、サビの発生や管の老朽化を進行させることにつながります。また海外の事例でも、空き家率が30％を超えた都市やエリアで、急速に犯罪が増加するというデータもあります。

もちろん住民が減少することによる税金の減少は避けられず、固定資産税等の捕捉も代替わりなどが起こる結果、所有権の移転登記などが不明となって所有者が特定できなくなり、結果として税の徴収に影響が出ることも予測されます。

住宅着工戸数はこのまま毎年100万戸台の数字が継続されるとも思われませんが、一方でまったく着工されなくなるとも思えません。新しい住宅に対する欲求はどんなにインフラとしての住宅が数として整備されたとしても、ニーズ自体がなくなることはないからです。

新築住宅を政策的に抑制しようという「社会主義的」な施策を唱《とな》える向きもありますが、現在の住宅マーケットでは公社や公団のような公的機関による供給が主体であればいざ知らず、実際はほとんどが民間による供給となっています。この供給を「官」の力で抑制することはナンセンスです。あくまでもマーケットの需給バランスの中で調整されていくべきものでありましょう。

ただ私がいつも不思議に思うのは、日本では新築住宅に対するニーズが諸外国に比べても圧倒的に強いのではないかという事実です。欧米になると住宅の構造が異なるとはいえ、住宅流通の多くが中古住宅であるのに比べて、日本は「新築住宅」に圧倒

住宅投資額と住宅資産額の推移

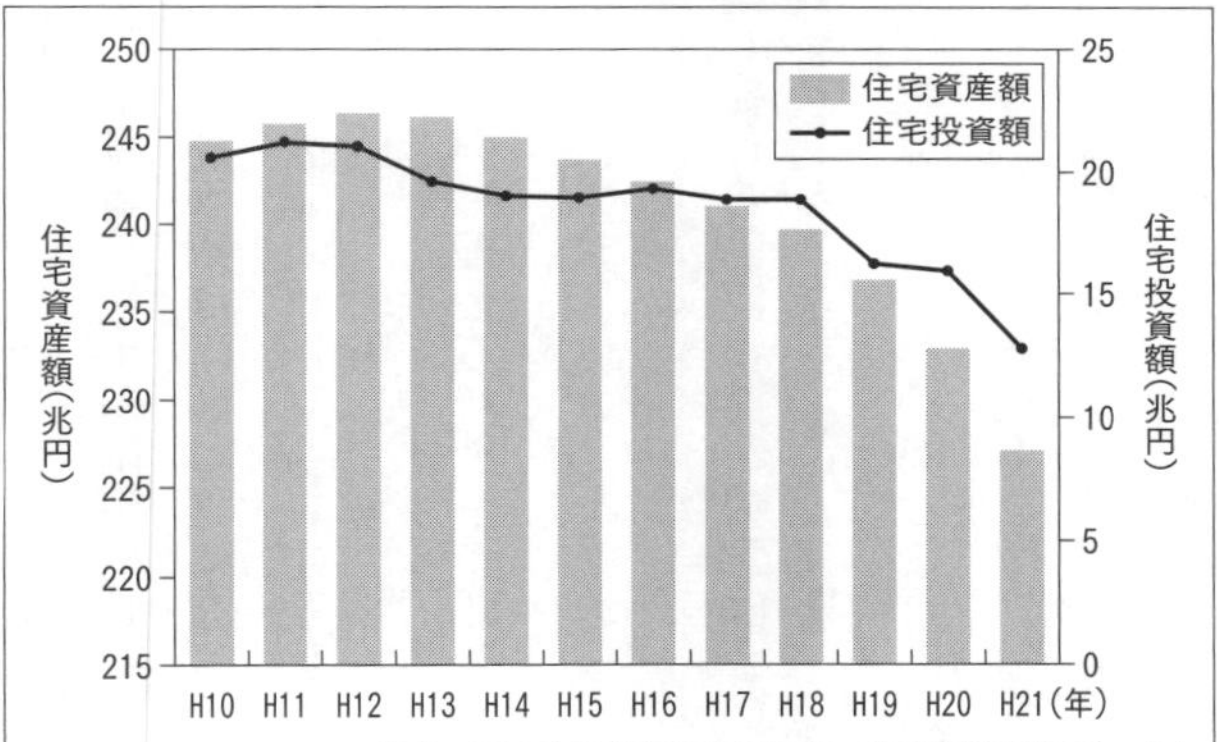

出典：国土交通省「平成25年度　住宅経済関連データ」

的な人気があります。

　国土交通省によれば日本ではおおむね毎年約十数兆円もの住宅投資が行なわれていますが、国民経済計算のデータによれば日本の住宅資産額（つまり価値）は常に２２０兆円から２５０兆円ほどで価値は上昇していません。

　換言すれば、価値の増加しないマーケットに毎年十数兆円もの新たなお金が注ぎ込まれているという、世界でもきわめて珍しい国ともいえるのです。その新築住宅を今でも変わらずにありがたがって購入しているのですから、日本の住宅メーカーはよほどの知恵者という見方もできるのかもしれません。

実際には新築住宅の価値は時間の経過とともにどんどん低下し、10年で半値、25年ほどで建物価値はほぼゼロになるのが日本です。この価値の減額を補《おぎな》うだけの土地価格の上昇があれば、新築住宅を偏重する考えは理解できるのですが、実際にそれだけの価格の上昇が実現できる土地は、今や日本の中でもごくわずかでしょう。

そんな中で迎える空き家率40％時代。使い道のないこんな資産と、私たちはどのようにつきあえばよいのでしょうか。

負担し続ける固定資産税の意味合い

さて、「貸すに貸せない」「売るに売れない」空き家。日常のメンテナンスにもそれなりにお金や時間がかかることは述べました。ところがこんな負担よりもさらに重たくのしかかる費用があります。固定資産税です。

固定資産税の課税対象は、土地、建物および償却資産が該当します。課税主体はその資産が存する市町村になります（地方税法第5条第2項）。毎年1月1日が賦課《ふか》基準日です。つまり1月1日現在で固定資産課税台帳に登録されている者が納税者となります。

課税額はどのように決定されるかと言いますと、まずは総務大臣名で固定資産の評価基準、評価の実施方法および手続きを定めた「固定資産税評価基準」を告示します。この告示に基《もと》づいて固定資産課税台帳に登録される課税標準価格を決定します。この告示は3年ごとに行なわれるので一度決定された評価額は基本的には3年間は同一ということになります。

土地についてどのように評価するかといえば、基本は土地の評価は「適正な時価」ということになります。この適正な時価というものは曲者《くせもの》です。土地は工業製品と異《こと》なり、ひとつひとつがすべて異なった顔を持つので、隣り同士の土地であっても本来は使い勝手は微妙に異なるものです。ただ、それをすべて斟酌《しんしゃく》するわけにはいかないので、いちおう路線価評価方式といって、その土地が接する道路に沿って評価された路線価を基準に算定をします。

路線価には、相続税評価の際に使われる路線価と固定資産税評価の際に用いられる路線価の2種類がありますが、固定資産税の分は市町村が評価しています。個別の土地の形状などによる違いは「奥行補正」「角地補正」などいくつかの調整措置により不公平感が少なくなるよう調整されています。

この路線価ですが、現在はおおむね公示価格の約7割程度と言われています。時価といっても価格の変動が大きい場合、税負担が課題になることから、一定の調整措置は施《ほどこ》されていますが、土地の面積などが大きい場合にはかなりの負担額となってきます。

建物については建物の再調達原価といって、その建物がつくられている部材についてそれぞれ評価額をあらかじめ定めておいて、実際に建築された時期から経年劣化された分を減価して評価します。

税率はほとんどの市町村では現在、課税標準額に対して約1・4%となっています。このほか市区町村によっては都市計画税を導入しているところもあります。東京の場合は0・3%、したがって固定資産税および都市計画税は課税標準額の約1・7%の税額がかかってくるのがおおむねの目安となります。

さてこの固定資産税、空き家にも容赦なくかかってきます。相続をして手にした両親の家についても、今現在は誰も住んでいない、使用もされていない家屋であっても、固定資産税評価台帳に登録された者あてに税金は請求されます。

首都圏の郊外でもちょっと良い立地の一戸建て住宅になると、固定資産税は年間で15~20万円程度になってきます。これがそのまま請求されてくるわけですから、「問題先送り」のまま放置を続けるとなると、毎年かかる固定資産税負担はバカにならないレベルのものになります。

「所有」をしているという理由だけで税金がかかってくるということはちょっと頷けない話ですが、課税側の理屈としては納税者が所有している土地建物に対して道路を維持管理したり、電気ガス水道等のインフラ整備を施したり、警察、消防、学校などの公共施設を整備するなど一定のコストを掛けているのでその分の一部として徴収をしていることになります。

しかし、実際には使用していないし、「貸せない」「売れない」という身動きのとれない資産に対して毎年課税されるのは、やや納得のいかない気持ちにもさせられます。しかもこれから未来永劫毎年この税負担を強《し》いられるわけです。相続したがゆえに発生する税負担。その意味合いは、いったい何なのでしょうか。

更地《さらち》にして問題は解決するのか

空き家をそのまま放置するのは忍び難い。それでは思い出の多い家ではあるものの残された家財道具などを思い切って処分し、古くなってご近所にもご迷惑をおかけしている家屋は取り壊して更地にしましょう。

中にはこのように真面目にお考えになる方もいらっしゃるでしょう。これでご近所に対してはあまり後ろめたい思いをしなくてすむし、更地にすれば場合によっては買いたいという人も出てくるかもしれません。悪くないアイデアです。

ところがここでも問題は発生します。

まずは更地にするための解体費の負担です。もうぼろぼろの家なのでちょっと押しただけでもすぐに壊れそう。だから費用はたいしてかからないだろう。一般の方はすぐにそのようにお考えになります。

しかし、解体業者に見積もりをとるとその値段の高さに驚愕《きょうがく》するはずです。普通の木造家屋ですと大きさにもよりますが平気で100万、200万円という価格を請求されます。ただ押し潰《つぶ》して廃材をトラックに載せて運ぶだけと考えがちですが、現在は廃棄物処理にもコストのかかる時代です。ただ運んでその辺に捨てるというわけにはまいりません。

解体にあたっては近所の騒音対策も必要ですし、解体のための重機の運び込み、廃材などの搬送のためのトラック手配など、解体作業は意外と重装備です。解体した後の整地にもブルドーザーなどが必要となってきます。

さて、ようやくきれいに更地化されて一安心。あわよくばよい買手があらわれるのをゆっくり待ちましょうと考えていると、翌年の5月に市町村から届けられる固定資産税納税通知書をみて二度目の驚愕をすることになります。税金がめちゃくちゃ上がっているのです。

固定資産税には各種の特例措置、調整措置があることはすでに述べました。その中でも特に住宅については手厚い調整措置があります。

「住宅用地の課税標準の特例」といって敷地面積のうち200㎡までの部分を小規模住宅用地と定義し、課税標準を登録価格の6分の1にするという調整措置がありま す。今までは住宅として利用していたわけですから、この特例が適用されていたわけです。税額が15万円とか20万円と言っていたのは、実は6分の1に減額された、調整後の税額だったわけです。

ところが、土地の上にあった家屋が消滅すると課税標準計算上は「住宅用地」とみなされず、ただの更地としてカウントされてしまいます。つまり敷地面積が200㎡以下だった家屋については解体更地化した瞬間に固定資産税は「6倍」に跳ね上がることになるのです。

せっかく近所のご迷惑にならないように一大決心をして更地化したのに、この仕打ちです。

これでは今後この土地の維持はとてもじゃないができない。毎年90万円に税金が膨れ上がったのでは、いったい何のためにこの土地を相続したのかということにもなりかねません。

このカラクリが、実は空き家を解体せずに、そのまま放置している人が多いことの大きな理由になっているとも言われています。

相続されたくない不動産

このように空き家問題が大きな社会問題になるにつけ、今では相続においても面倒なことが生じています。戦後、日本のサラリーマンはよく働きました。彼らが一生懸命に働き、家族を養い、多額のローン返済にも耐え、会社ではたいして出世できずともコツコツと真面目《まじめ》に働き、ようやく手にしたのがマイホームです。

家族に残せる唯一のまとまった財産が、このマイホームでした。実際に高度成長期から1970年代頃までに取得した不動産の多くは、価格も値上がりしました。ローンを組んだところで資産価値はどんどん上昇するので、「資産形成」としてはもっとも手っ取り早い手段であったともいえます。

ところがその後、土地は値上がりしないどころかどんどん下落を始めました。バブル時にはものすごい高値がついた土地建物の価格も、今では急落。家の価格など、家族の間では話題にすらならなくなってしまっています。それでもこれまで頑張ってきた証《あかし》のこの家を子供や孫に受け継がせていくことを想いながら、お父さんたちは次世代にバトンを譲っていくことを考えてきました。

さて、そんな頑張ってきたお父さんがあの世に旅立たれ、相続の発生です。かつては家がもっとも重要な相続財産で、この家を誰が相続するのかは相続人の間でも大きな関心事でした。

ところが、今や「売れない」「貸せない」資産を相続すると、毎年の維持費用が大変なことになります。税金だって毎年取られます。相続する自分たちにはすでに家があって身動きはとれない。さていったい兄弟の中で誰がこの家を引き取るのか。

なんだか「やっかいもの」の押し付け合いみたいなことが始まっています。しかし現実的に考えるならば、この資産を引き受けるためには、相当な覚悟が必要となるのです。

土地が広くて駅にも近いような立地であれば、まだ賃貸住宅などに運用する手段も残されているかもしれませんが、住宅地の中の一軒家では、このまま所有し続けるほかに手立てが見つかりません。昔のように、買手や借手が簡単に見つかるような時代ではなくなっています。

このような状況下、最近では相続にあたって、

「おれは家はいらない」

「あら、長男である兄さんが家はもらいなさいよ。私は現金で十分よ」

「そりゃないだろ。おれこの家住まないし」

「何言ってんのよ。私だっていらないし」といった議論が延々と続くのだそうです。

さてこの相続、誰もいらないとなっても誰かが継がなくてはなりません。よく相続放棄をすれば、とか物納をすればとか考えがちですが、役所とてそう簡単に不動産を引き取ってくれたりはしません。そんなものをもらっても役所だって維持管理に困るからです。

今や土地や建物を相続するということは、もはや何の利益も効用も生み出さない資産を引き受けるという場合も大いにありえるのです。それどころか資産を受け継いでしまったばっかりに、毎年多額の出費を強いられ、維持管理を行なっていかなくては

ならないやっかいものの資産である可能性も出てきているのです。それはまるで、借金を引き受けてしまったかのような状況に陥る人だって多くいるのかもしれません。

以前であればありえなかった相続の構図です。そしてこうした事態は、もはや日本国中どこにでも起こりうる現象なのです。

ある税理士の述懐

私の知り合いで、E先生という資産税を専門とする税理士の先生がいらっしゃいます。資産税とはおもに相続税や固定資産税、償却資産税などを指しますが、固定資産税はもともと役所が評価してきた資産評価額に基づき、定率が課せられるだけの税金ですから、もともと相談が多くあるわけではありません。したがって先生のお仕事の大半は相続税。とりわけ来《きた》るべき相続の発生に備えた対策の指南が中心となります。

私のお客様で相続にお困りの方は、E先生にご紹介し、ご教授をいただきます。たとえば多くの土地をお持ちの方は、相続にあたっては多額の相続税の支払いが予想されます。特に更地で放置していれば時価評価となり、もっとも税金が高くなるとされ、いきおい土地を有効に活用して家賃収入などを得つつ、また一定の借入金を利用することで経費を作って、いずれどこかで発生する相続に備えて、相続税評価額を引き下げておくといった対策が必要となります。

物件の有効活用の方策を考え、事業計画を立案するのが私の仕事。先生はその活用に基づきどういった資金計画を立て、その結果できあがった建物の評価と借入金の状況を勘案して、どの程度相続税を圧縮できるかの提案をいただきます。

今までも多くのお客様が先生のご指南で相続税評価額の圧縮ができ、相続にあたって大きく資産を減ずることなく、次世代に引き継がれていきました。お客様が亡くなられてお葬式に参列した時に相続人になられる息子さんや娘さんから、

「おかげさまで助かりました」

などと笑顔で挨拶《あいさつ》されるのもなんだか妙なお話ですが、私の役割としては賃貸事業をしっかりとサポートすることで資産を有効に活用できる、という意味では少しは世の中のお役にたてているのかなと思いますし、先生のご指南によって多くの財産が次世代に引き継がれるのは喜ばしいことでもあります。

さて、長年にわたってこうした相続税評価のお仕事をされてきたE先生も65歳。いつも溌剌《はつらつ》とされ、ゴルフのドライバー飛距離でもいまだにへっぽこゴルファーである私の追随を許さず、いっこうに体力の衰えを感じさせませんが、先般引退宣言をされました。突然の引退宣言にびっくりしていると、

「まきちゃん、ちょっと相談があるから来てくれないか」

とおっしゃいます。

おっとり刀で駆けつけ、先生に長年にわたってお世話になった御礼など述べているとE先生はこう言います。

「引退は最初から決めてたの。息子も税理士として立派に仕事ができるようになったし。もうおれの出る幕じゃないよ。それで、おれもそろそろ相続のこと考えなきゃと思ってるのよ」

私は思わず吹き出してしまいました。

「何をおっしゃるのですか、先生。先生は相続がご専門でいらっしゃるのですから、対策はもうばっちりでしょ」

ところがE先生。深くため息をつくと驚くべき発言をされました。

「今持っている不動産は死ぬまでに全部売って現金にして3人の息子と娘に配ってしまおうと思っているんだ。そのほうが後々揉《も》め事もないしね。恨みっこなしよ。そこでうちの不動産を全部売るのを手伝ってくれないかな」

びっくり仰天でした。先生は相続の専門家。現金を持ったまま相続となると額面通りの相続評価となってしまい一番税金がかかるケースになります。さんざんお客様にはそれでは大変なことになるということで、借入金を利用して賃貸資産を持たせたり保険を活用したりして相続税評価額を圧縮するお手伝いをしてきたのに、肝心の先生が現金で配る？　私には先生が何をおっしゃっているのか、一瞬理解できませんでした。

不動産の価値がこれからは上がらない。結論はそこでした。一生懸命不動産を守ろうとしていたのが、今までの対策。ところが、この先不動産の価値がどんどん下がり続けていくことが明らかならば、そんな資産を守り続けても資産は目減りする一方だからです。それならば税金を払ってでもすぐに使える現金にして兄弟姉妹仲良く、等分に配ってしまえ、文句あっか！

このことを先生は数多くの相続税対策の処方箋《しょほうせん》をお書きになりながら、実感としてお持ちになり、自分の相続対策はやめてしまおうと思われたのです。

ましてや、今後「売れない」「貸せない」不動産に自らが所有している不動産が転落した際にはそれを引き継ぐ子や孫たちがその資産の維持管理で困惑してしまう。いらぬ兄弟げんかでも始めてしまうかもしれない。どうも先生は、そこまでお考えになって決断されたのだと思いました。

「では、まだ売れるうちに、急いで資産売却を行なっていきましょう」

私の言葉に、先生はニコリと頷かれました。


空き家と相続税、固定資産税のいびつな関係

今はまだそれほど顕在化していない、空き家問題から派生してくる不動産価値下落の問題。この問題がけっして「他人事《ひとごと》」ではなく、ごく身近な問題として私たちの生活に影響を及ぼすことは、明白な事実と言ってよいでしょう。

なぜなら不動産は「所有」しているということだけで税金がかかる、厄介な代物だからです。まずは不動産を取得する時にかかる「不動産取得税」。所有期間中にそれが活用されていようがいまいが毎年かかってくる「固定資産税」。自治体によっては「都市計画税」も徴税されます。そして相続に際しては「相続税」。売却する場合には「譲渡税」というように不動産は「税金天国」でもあります。

税金を取られるということは、その賦課対象がそれだけ価値があると言い換えることもできます。つまり、その資産から得られる利潤や効用が十分に期待でき、そうした可能性の高い資産に対して税を課《か》しているのだという見方ができます。

この理屈があったからこそ、かつては不動産が実際に値上がりし、賃貸して収益を得られたことによって、人々は役所から要求された税金を払うことに同意してきました。ところがこれからの世の中ではこの税金はどうなるのでしょうか。今まで通りにみんながこの税金について納得して払う時代が続いていくのでしょうか。

仮に所有している不動産が活用のしようもない「売れない」「貸せない」不動産であったなら、あるいは当分住む予定もない「どうにも使う見込みのない」不動産であったなら、その資産を所有することに対して、人々は喜んで税金を払ったりするでしょうか。

私は今後、日本の問題としてこの空き家問題が大きくクローズアップされてくるのが、この税金の問題であろうと思っています。

たとえば、「相続人の誰もが譲り受けたくない」不動産を譲り受けるのにあたって、役所が評価した相続税評価額に基づいて多額の相続税を納めることに不服を唱《とな》える人が、今後多数発生する可能性があります。

加えて、現在国では資産に対する課税強化を打ち出しており、平成27年（2015年）より相続に係《かか》る税金の計算にあたって基礎控除額が5000万円＋1000万円×法定相続人数であったものが、3000万円＋600万円×法定相続人数に変更されます。

資産を持つ人は金持ちなのだから、相続にあたっては重税をかけてたくさん税金を徴収しよう。昔ながらのステレオタイプな発想です。

この改正は、実は非常に影響の大きい改正といわれています。なぜならこの改正によって、首都圏などで戸建て住宅を持つかなり多くの人々が相続税の納税対象になってくるとされるからです。今までは多くの人は実際にはいわばタダで相続できていた家屋に、相続税がかかることになってくるのです。いきなり現実の問題となった時、不服を唱える人の数が激増することも考えられます。

さらに相続などで資産を譲り受けた人たちの反乱も予想されます。「売れない」「貸せない」不動産にどうして自分たちは多額の税金を支払わなければならないのか、意味不明である。こんな税金を徴収する自治体はおかしいのではないかといった議論が、全国のあちらこちらから生じてくる可能性があります。こうした声に徴税側である国や自治体はどのように答えていかなければならないでしょうか。

不動産の価値評価とは

さて、この税金問題。問題の根はさらに深くなります。まずは評価額を算出する上で算出の根拠となる路線価評価はどのようにして行なわれているのでしょうか。

多くの自治体ではこの評価を不動産鑑定士と呼ばれる専門家に依頼しています。不動産の鑑定評価の手法には、「原価法」「取引事例比較法」および「収益還元法」という3つの手法があります。

「原価法」とは評価する土地建物を再調達する際の原価をもとに評価し、この評価に一定の減額修正を掛けていく手法です。土地であれば形状や高低差など、建物であれば構造部材の内容、経年による劣化などを評価に勘案するものです。

「取引事例比較法」とは近隣で行なわれた不動産の売買事例をもとに、一定の補正を行ない実際の価格を算出していく手法です。

「収益還元法」とはこの不動産から得られると期待される純収益を現在価値に引き直してその価値を算出する手法で、不動産鑑定士はこれらの要素を総合的に勘案して評価を行ないます。

ところが、まったく取引が行なわれない状況になると困ったことになります。事例がそもそも存在しなければ、参考となる取引価格が存在しません。また貸せない不動産であれば収益還元法も使いづらいことになります。

それでも評価は行なわれます。仕方がないので今までつけられてきた評価を継承しながら、あまりに近隣での取引がなければこれまでの評価額からいきなり大幅に減額するわけにもいかないので、一定の価格補正、つまり価格の減額を徐々に行なっていくくらいが関の山です。

ところがこの固定資産税評価、３年に１度しか行なわれません。こんなに悠長に評価されたのでは納税者も黙っていられなくなります。

いわく、固定資産税評価額が本当に正しいのかという真面目な議論が起こってくる可能性が十分にあります。たとえば、「売れない」「貸せない」不動産に対して、納税者が、

「この不動産は活用のしようがないので、評価はゼロのはず」

と主張した場合、自治体側はどのように答えるのでしょうか。

「価値はあります。なぜなら住むためのインフラは自治体が行なっているのですから、ぜひ住むことです」

「そんなこと言われたって住むつもりはないのです。予定がないのです」

「それはあなたの勝手ですから、致し方ありません」

「では、住むことの効用を金額で示した評価額の根拠を示してください」

「それはできかねます」

「だったらどうすればいいんですか。人にも売れない、貸せないのですよ。こんな不動産に価値があるのなら証明してくださいよ！」

こうなると自治体も、なかなか説明に困ることになるかもしれません。

現に人々がどんどんいなくなって実際に住む人が少なくなっている現実の中で、「住むことの効用」を理論的に実証することがかなり困難になってくることが予想されるからです。

一般的には住まうための土地を「宅地」といいます。そのために整備された土地については登記簿謄本上などでも地目は「宅地」と名付けられています。

一方で人が住まない、あるいは住めないような土地は「山林」であったり「原野」「雑種地」などと表現され、固定資産税などの負担も少ないものとなっています。もちろん「田」や「畑」なども地目上では区別され、宅地のような多額の税金はかからないようになっています。

では人々が消え、宅地としてはその使命が終わったような土地は、どう評価すればよいのでしょうか。ある納税者が言います。

「もう人が住まなくなったのだから、せめて畑にでもして収益を稼ぎたい。畑だったらこんな税金かからないだろう。地目ごと変更してくれ」

さてはて困りました。この要望に応えるためには、土地政策そのものを変更しなければならなくなるからです。一方でまだ居住している方もいる間はそんな勝手なこともできません。とにかく納得して納税をしてもらわなければなりません。この問題、裁判所に持ち込まれたらなかなかやっかいな問題になるかもしれません。

厳しい状況に陥る市町村

一方、徴税側である自治体にとっても事態は深刻です。固定資産税は、その不動産が所在する市町村に納税されます。市町村にとってはこの固定資産税による収入は貴重な財源になっているのです。

平成24年度の総務省「地方財政状況調査」によれば、全国の市に納められた地方税は総額で16兆9525億円でした。その内訳は市町村民税で法人個人あわせて7兆9693億円、固定資産税で6兆7556億円、この2つの税収で全体収入の87%を占めています。固定資産税に限って言えば、地方税収入の約4割を占める貴重な財源なのです。

同じく町村レベルでも固定資産税による収入は7116億円、地方税収入全体の約5割を占めているのです。

この貴重な財源である固定資産税。評価を見直して大幅に引き下げてしまいますと、地方の財政は立ち行かなくなってしまいます。おいそれと下げるわけにはいかない実情があるのです。

一方でこのような事態になればなるほど、価値を生まない不動産に対する人々の目は厳しくなります。利用価値が減じることによって当然地価は下がる。そしてその下がり方に追随しない、あるいはできない課税側との争いごとが急増する。どうもキナ臭い話になってきました。

昔は持っているだけで価値がある、勝手に値上がりして資産形成にはもってこいだった不動産。その不動産が「やっかいもの」となり、何にも役に立っていないのに持っているだけで税金は取られ、維持管理費は取られ、ちゃんと管理していないと周囲から怒られる。どうにも困った存在になってきそうです。

地方都市で進むコンパクトシティ構想

さて空き家問題の先進地域である地方都市では、すでにいろいろな動きが始まっています。さきほど、固定資産税を徴税する大きな根拠として自治体は宅地周辺を整備する。つまり上下水道や電気ガス、道路などを整備し、これを維持管理するのに膨大なコストがかかる。そのためにも固定資産税は非常に重要な税金なのだと言いました。

しかし一方で、もうほとんど住む人のいなくなった地域ではわずかに残った住民のためだけに一定の行政サービスの水準を保つのはきわめて非効率であり、現実的ではなくなっていることに自治体側も気づき始めました。

そこでそれらの地域への行政サービスを放棄する代わりに、住民を都市部に集め集中的にサービスを行なおうとしたのが「コンパクトシティ」と呼ばれる施策です。日本では富山《とやま》市などの試みが有名です。

富山市では市内の路面電車網を拡充して駅を増やして市内の利便性を向上させ、自転車利用を促すために自転車置き場などの設置を積極的に進め、郊外に広がった住民を今一度市内中心部に引き戻そうとの意欲的な計画として注目を集めました。

その上で市内には手ごろな賃貸マンションなども整備し、高齢者でも住みやすい街づくりを行政を挙げて推進することにより、市街地に住む利便性を実感してもらおうという試みです。

維持管理コストばかりを声高に主張して徴税をやむをえないものとするよりも、行政自体をミニマイズして、一定のエリア内に集約してしまえば当然行政コストも削減ができます。一定の理屈のある施策だと思われます。

この手法は、今では全国のさまざまな自治体が取り入れ始めています。ただ、住民の基本的人権にかかわる部分もある中で、強制力をもたせることには問題がありますし、住民の財産に対する考え方もまちまちであり、すべての地域で採用することには困難が伴うでしょう。

比較的人口の少ない地域では実施のためのハードルはそれほど高くないかもしれませんが、これが首都圏のような都市部の中での話となると自然発生的に都市の中心部に人が移動していく以外に解決策はなかなか見つからないのが実情です。

不動産の価値も大都市圏ではもともと高かっただけに、今後起こりうる事態の深刻さも地方の度合いとはまた違ったものになりそうです。行政サービスの内容も今後急速に高齢化社会へ移行していく中で、ただでさえ市町村民税が目減りしていくことに加えて固定資産税の収入を抑制するわけにはいかないのが、大都市圏での実情なのです。

ここまでみてきたように今日本で急増している空き家。それは空き家という実像そのものが引き起こす治安や防災、景観だけの問題ではないことを実感いただけたでしょうか。特にこの先、首都圏などの大都市圏でこの問題が大きくクローズアップされることは確実で、人々は不動産を所有するがゆえにその維持や管理で大変な苦労を背負いこむことにもなりかねません。

このことは、人々の不動産に対する価値観に大きな影響を与える可能性がありま す。そしてみんながその恐ろしい実態に気づいた時におそらく不動産を一斉に手放す 「不動産パニック」が生じる危険性についても覚悟しておく必要性を感じます。

今まではありえなかったことが起こる。だからパニックなのです。そしてこの状況を改善するためにはどうしたらよいのでしょうか。パニックが起こることを事前に予知できるのであるならば、その対策を今から行なうことで、事態をソフトランディングさせることができます。

まずは次章で、今後確実に起こると考えられる日本の不動産の構造改革についてお話しします。その上で、このちょっとやっかいな空き家問題とそこから引き起こされるさまざまな日本の構造問題に対する処方箋を考えていくことにしましょう。

第3章　日本の不動産の構造変革

最近のメディアの報道はなかなか勇ましい内容のものが多いようです。東京五輪の招致に成功した平成25年（2013年）9月あたりがどうも「潮目」だったのでしょうか。それまでも同年の前半くらいから日経平均株価指数が上昇をはじめ、株価上昇の恩恵を受けやすい個人富裕層が元気に消費に励むようになりました。

アベノミクスという内容はよくわからなくても、何となく耳にここちよい「前向き」な感じのする施策の提示、日本銀行総裁の勇ましい発言など世の中の景況感はぐっと向上してきた中で東京五輪の招致成功のニュースはまさに慶事でした。

前回の五輪景気に沸《わ》いた当時の自分たちを思い起こして、「好景気再び」と誰しもが思うものです。実際に建設需要は一気に増加。東日本大震災後の復興関連工事、アベノミクスの一環である全国での公共工事の復活で需要が逼迫《ひっぱく》しつつあったところに、東京五輪開催によるさらなる大型公共工事の連発が起きました。

これに加えて国を挙げての賃上げ支援。大企業の多くが実際に国から賃金を上げるように強く要請をされたようです。私の知り合いはある大企業の総務部長の要職にありますが、監督官庁の役人が実際に来社され、賃金の引き上げを要求されたそうです。

件《くだん》の総務部長、お役人を前に慎重な言い回しで、

「ベアの引き上げは今後の状況をよく判断して……」

と言いかけたところ、

「おたくには国もずいぶんと支援してきたはず。わが省の試算ではこれまでの各種措置で数十億円の税金を払わずに済ませられたことになっている。そのうちの一部を吐き出すことに何を躊躇《ちゆうちよ》されるのですか」

と脅された（？）そうです。

平成26年（２０１４年）４月に消費税は5％から8％に税率が改正されました。これまで消費税の導入、税率の３％から5％への改正という2回のイベントではいずれも政権が倒れるという「劇薬」となりました。ところが、今回はちょっと様相が異なるようです。

一部の業種には売上の前年同月比割れなど厳しい数字が並びましたが、多くの業種では売上の減少も「想定内」にとどまり、回復傾向は「早い」との声も聞かれます。

もちろん平成27年（2015年）10月に予定される税率の10％への再引き上げもありますので楽観視は禁物ですが、大企業の賃金引き上げの発表が続く中、どうやら影響は軽微なものにとどまりそうです。

それでは、空き家がどんどん増加し続ける不動産マーケットはどのようになっていくのでしょうか。人々は相変わらず都心のマンションを買い続けるのでしょうか。郊外戸建住宅はどうなっていくのでしょうか。マンションだから安心なのでしょうか。築年数が40年を超えるマンションが今後激増する中で不動産の価値はどのように評価されるようになるのでしょうか。

実は、課題山積なのです。その実情を追ってみることにしましょう。

都心マンションが売れる裏側で

マンションが大人気です。特に都心部に建てられるタワーマンションは売れ行きが好調です。タワーマンションは眺望がよく、風通しもよい。高層部であれば車の音も拡散してあまり気にならない。住戸数が多いので共用部は充実。立地は都心部なので、どこに行くにもアクセスは快適そのもの。

最近のマンションは、エネルギー消費にも敏感です。空調設備や水回り、厨房設備などにもいろいろな無駄遣い防止機能が満載され、勝手にエネルギー消費量をコントロールしてくれます。一番の心配事としてクローズアップされた大震災時の防災も、これでもかというくらいのハード、ソフト両面での手厚い対処がなされています。

消費増税による購買意欲の減退を心配する声をよそに、マンション販売は好調を維持しています。特に東京五輪の開催が決まった東京都心部では、五輪会場が予定されている中央区晴海《はるみ》地区や江東区豊洲《とよす》地区などに建築が計画されているタワーマンションは大変な人気を呼んでいるようです。

一見「視界良好」が持続しているように見えるマンションですが、今後のマーケットの状況は必ずしも楽観できません。

ある大手のマンションデベロッパーの用地担当（開発用地を取得する担当者）のF君がため息交じりに話します。

「最近はマンション用地が高くなりすぎてしまって買えないですよ」

これはよく聞く愚痴。用地担当者にとっては景気がよくなってマンションが売れる。そうなると土地代が高くなって地主も強気になる。売れるマンションの用地を仕込もうとデベロッパー各社は躍起《やっき》になる。競合が激しくなるからなかなか条件の良い用地を取得できない。

そんな愚痴に付き合っている暇はありません。

「まあ、がんばってね」

私が会話を終了しようとするとF君。

「そうじゃないのです。もちろん競合もあるけれど、まったく価格が合わなくなってきているのです。土地代が今より下がってくれないと僕たち、用地が怖くて買えないのです」

怖い？　なんだか今までの会話とニュアンスが違います。いったいどういうことなのかよく話を聞いてみることにしました。

まず、用地代つまり土地代の状況は、どうなっているのでしょうか。たしかに、ずいぶん値上がりしています。感覚的にはマンションに適した良い土地であれば2、3

年前より15％以上値上がりしているのではないでしょうか。

そういえば私が以前、仲介しようとした東京の東部地区に所在するマンション用地も、最初にご相談いただいた2年前には、120坪5億円くらいの値段で誰も手を上げませんでした。ところが売却をなかばあきらめかけていた翌年、いきなり2、3社が手を上げました。この中で買手を決めようとしていたところ、その後も飢えた狼のようにデベロッパーが集まってきて、なんと6億円の気配値に。このことを聞いた売主もどんどん強気になっていきます。

結果は私の仲介していたマンション業者は完全に戦線離脱。最終的には6億7000万円で別の業者に決着しました。当初価格よりも34％のアップです。はじめは「揉《も》み手《で》」していた売主もホクホク顔です。

「いや、牧野さん、アベノミクスっていうの？　ありゃすごいよね。あっというまにこれだもんね」

なにがアベノミクスだ、と内心では思いつつも、都心の土地の値段が急騰していることを実感した出来事でした。

たしかに土地代は上昇しています。でもそれだけならば今までもあったお話です。ところがF君によれば、土地代に加えて建設費がとんでもないことになっていると言います。

「もう、大きなゼネコンはまずマンション建設の仕事は請け負ってはくれません。公共工事の受注だけでおなかがいっぱいなのです。無理くり提案をいただいてもびっくりするくらい高値の見積もりを平気で出してきます」

F君によれば、マンションの建設費は2、3年前と比べて30％程度上昇しているとのことです。

ここまでの説明を聞いて、私にも事態が容易ならざるところにあることがよく理解できました。

マンションの原価構成は土地代が40％ほど、建物代が60％ほどの割合のものが一般的です。仮に土地代が15％、建物建設費が30％も上昇してしまうと、簡単に計算するならば土地が46、建物が78、つまり最終仕上がりは124となってしまいます。つまり24％も価格を値上げしなくてはならないということになります。4000万円で売

マンションの原価構成イメージ

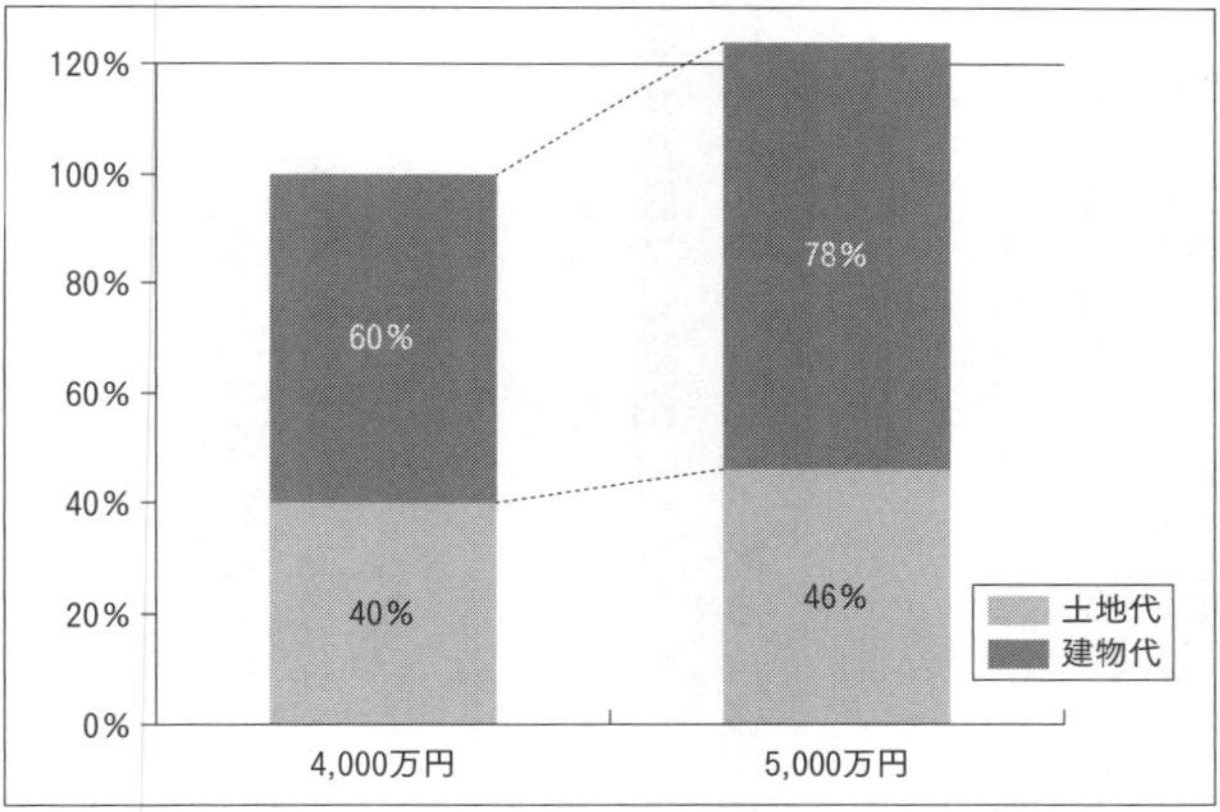

っていたマンションが４９６０万円です。これに加えて平成26年４月からは消費税が５％から８％に、差引き３％引き上げられています。この引き上げ分を勘案すると建物代はさらに２・34上乗せされますから最終的には26・34％の値上げ、つまり５０５４万円に跳ね上がることになります。

購入者にとって26％も値上がりしたマンション。４０００万円だったマンションをいきなり５０００万円といわれてしまうと、どんなに政府が賃金の上昇を唱《とな》えたり、「フラット35」などの低利で長期固定の住宅ローンや税金の優遇策で支援してくれたとしても、さすがに手の届かない代物となってしまうのではないでしょうか。

F君によれば、建設費はここ当分下がるどころか、むしろさらに上昇する傾向にあり、その分取得する用地の値段を下げていかないと最終価格が高くなりすぎて絶対に売れなくなる、とのこと。それなのにマーケットに出陣すると、どの会社も用地取得でしのぎを削っているのでなかなか安い値段では仕入れられない。会社のノルマとはいえ、こんなことをやってて本当に大丈夫なのかと嘆くのです。

建設費が高騰する理由

実はF君から話を聞いた数カ月後、私も同じ経験をすることになりました。あるホテルの開発のお手伝いをしていたのですが、本来であれば、建設費は坪当たりおおむね82、3万円くらいのグレードの建物の見積もりを、準大手クラスのデベロッパー数社にお願いしました。2週間後出揃った各社の見積書を見たところ、呆気にとられました。出てきた数字は坪当たり130～140万円。なんと6割から7割もの価格上昇です。これでは開発計画そのものがまったく採算に合わないことになります。これ

建設業就業者数推移

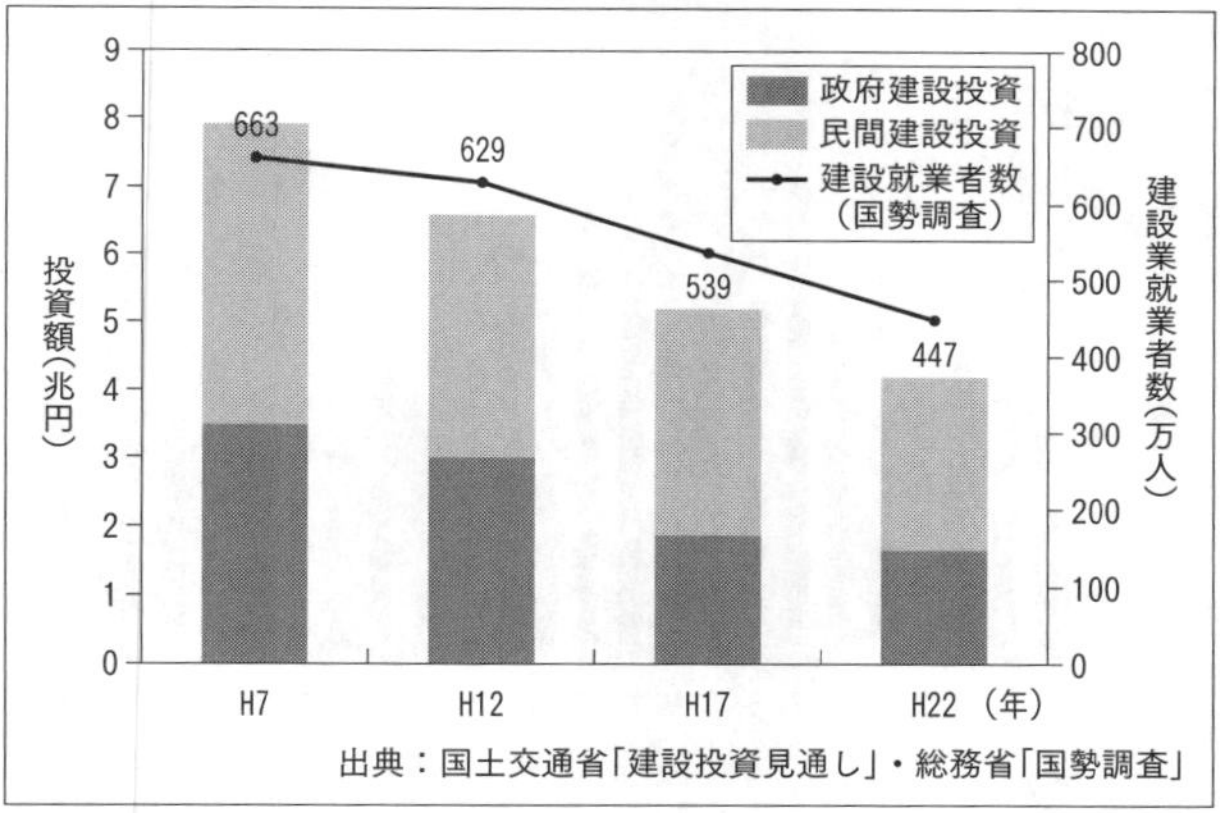

出典：国土交通省「建設投資見通し」・総務省「国勢調査」

は計画そのものを見直さざるをえないほどのインパクトです。

そこでゼネコン各社に、なぜこんなに短期間で見積もりが上昇してしまったのか、じっくりお話を聞かせていただくことになりました。彼らが異口同音に話すのが「ひと」の問題でした。

今、建設現場では、現場で作業する職人が極端に不足しています。特に鉄筋コンクリート造の建物の場合、鉄筋を組み立てる鉄筋工、型枠《かたわく》をつくる型枠工など比較的高度な技能が必要となる部分で「ひと」が集められないというのです。

どうしてこんな事態になったのでしょう

公共事業関係費の推移

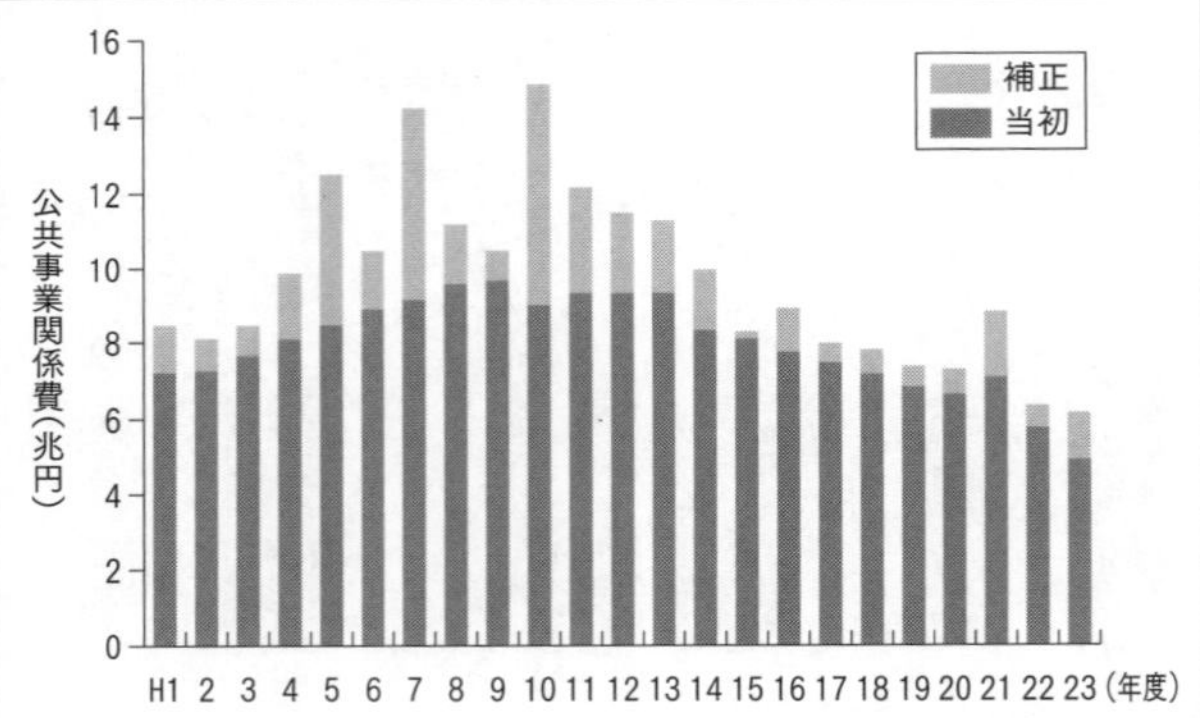

出典：財務省「日本の財政関係資料」

か。まず、国内での建設業就業者数の推移をみたのが１０７ページのグラフです。平成７年（１９９５年）に６６３万人を数えた就業者数はこの年を境に急激に減少をはじめ、平成22年（２０１０年）には４４７万人、わずか15年の間に建設業就業者は３分の２になってしまったのです。

減少を主導したのが、平成13年（２００１年）から18年（２００６年）まで政権の座にあった小泉《こいずみ》純一郎《じゅんいちろう》内閣における徹底した公共事業の削減と言われています。平成７年から13年にかけては公共事業関係費の予算は毎年度９兆円を超える水準でしたが、平成18年度には７・２兆円、その後の民主党政権時代の平成23年度には5兆円にまで大幅に削減されていきます。

地方都市の若者の働き口としては東京に出ていく者を除いて、電力やガス、新聞、テレビなどの地元有力企業に就職する者以外の多くの若者を吸収してきたのが、地元の建設業でした。ところが働き手を集めるはずの建設業が公共投資の大幅削減のあおりを受けて次々と倒産、廃業。もちろん求人は激減。若者たちの多くが介護施設等の老人福祉関連企業へと就職口を変えていったのが、ここ数年に起こった現象でした。

この流れが大きく変わったのが平成23年（2011年）3月の東日本大震災です。この震災に伴う復興工事の需要が出現したことで、公共工事に対する需要が一気に顕在化しました。これに加えて平成24年（2012年）12月に発足した安倍《あべ》内閣が公共事業の増額を決定。金額としては平成26年度予算では約6兆円弱にまで増額させています。さらに平成32年（2020年）に開催が決定した東京五輪のための建設需要があいまって、いきなり建設関係の需要が盛り上がったのです。

さらにつけ加えるならば、1970年～80年代に大都市圏で建設されたオフィスビルなどの多くの民間施設が建物の老朽化とマーケットにおける競争激化を背景に建て替え需要が勃興し、これらのニーズが顕在化することによってさらに建設工事の需要を引き上げたと言われています。

需要が盛り上がり、人が足りなくなれば求人が発生します。報酬も高くなります。実際に建設業従業者の数が減少を続ける中、軌《き》を一《いつ》にするように減額していた建設業就業者の報酬も、ここにきて上昇傾向を強めています。

ならば多くの人が再び建設業に職を求め、やがて建設費も一定の水準で落ち着く。これが普通の社会での需給バランスです。

ところが問題は、そんなに簡単なものではありませんでした。ひとくちに建設といっても先述した鉄筋工や型枠工といった特殊技能を持った技能労働者は、一朝一夕《いっちょういっせき》ではなかなか揃えることができないからです。

この技能労働者のうち型枠工と呼ばれる職種は、特に高齢化が顕著です。今後大量の定年退職者が発生すると、工事現場では仕事があれど作業ができないという奇妙な状況が現実のものとなるのです。

政府もこの状況の深刻さに気づき、建設関連の従業者を海外から求めようと検討を始めました。移民を認めていない政府としては、現在合法的に海外から労働者を招聘《しょうへい》する方法は「外国人技能実習制度」を利用した外国人技能労働者の受け入れ枠を拡大することしかありません。

そこで建設関連では今までは各社3名の受け入れ枠で在留期間は最長3年だったものを5名の枠で期間は5年。現在在留している者は特例であと5年、つまり最長8年として東京五輪開催までの時限措置としての枠組み拡大を決定しました。

しかし一方で、この技能実習制度では型枠工や鉄筋工といった特殊技能を持った労働者を本当に受け入れることができるのか、疑問の声もあります。今までのこの制度の適用を受けて来日した労働者は多くが中国人でしたが、工事現場では技能を身に付けるどころか補助作業的なことしか行なうことができず、3年の期限を待たずに母国に帰国してしまう人が後を絶たないという実態があるからです。

ということは、単純労働者ばかりに日本に助っ人《すけと》で来ていただいてもあまり大きな効果は期待できず、建設費は高騰したままの状態がしばらくは続くと見るほうが現実的と言わざるをえません。

また単純に地方の若者が、高くなった建設関連作業での報酬を目当てに再び建設現場に戻ってくるかどうかも怪《あや》しいものです。彼らの多くが、実はあまり生活自体に困っていないというのも現実だからです。

地方の多くの若者は現在では親の家に住み、結婚という選択肢を選ばなければ何も建設現場でつらい仕事をしなくとも、そこそこ食べていける状況にあるからです。今さらキツイ仕事についてまであくせく働く必要性を感じていない彼らにとって、こうした求人は、「えっ、いいっす。おれは関係ないし」のレベルなのかもしれません。

鉄筋工や型枠工で一人前と称されるようになるには10年くらいかかるとも言われています。

とても現場に多くの技能職を短期で張り付けるような簡単な方法は見出せないのが実情なのです。

「ひと」だけではない建設費高騰の要因

建設費の中でもっとも大きな割合を占めるのは人件費ではなく、建設に必要な資材費です。資材費は近年値上がりが続いています。鉱物資源などの国際価格は軒並み上昇傾向にある上に、円安が追い打ちをかけているのです。コンクリート価格も公共工事、土木工事の復活を背景に値上がり傾向にあります。

鉄筋コンクリート造の建物ですと、先述した鉄筋工や型枠工などの技能労働者が必要となることから、当初設計段階で考えていた鉄筋コンクリート造を鉄骨造に切り替える動きも顕在化しています。鉄骨を組み立て、周りの壁はアルミカーテンウォールなどで蔽《おお》い、鉄筋やコンクリートを極力使わないようにして建設費を浮かそうという試みです。

ところが皮肉なことに、どの業者も同じように考えるために、最近では鉄骨造の建物計画が急増し、鉄骨に対する需要が急増した結果、かえって鉄骨の価格が急騰するなど多くの副作用が生じています。

また、ある建設現場で実際に起こった出来事があります。厳しい現場の状況の中でなんとか人のやりくりをつけて、技能労働者を含めたチームアップに成功したものの、それでも工事をスタートできなかったという事例です。

人を集められれば工事ができるのかといえば、そうではありません。現場に資材を運び込むためには多くの工事用車両の確保が必要です。ところが今の日本ではこの工事用車両＝トラックが極端に不足しているのです。

この工事現場では、結局工事用車両を思うように集めることができなかったために、スケジュール通りに工事をスタートさせることができず、せっかく確保した職人たちもリリースせざるをえなかったということです。

地方の公共工事が激減した結果、地方の多くの工事業者が倒産し、工事関係車両を手放しました。その車両の多くは現在、アジアや東南アジアに持ち込まれ、彼の地の工事現場で活躍しています。

最近東京都内の工事現場周辺を走り回るダンプカーなどをよく見ると、ナンバープレートが「高松」や「広島」など西日本ブランドの車両が目につきます。東北地方の復興需要に加えて都内の五輪関係、大型のオフィスビルの建て替え関係の工事で工事用車両が足りずに、広く西日本方面からも呼び寄せているのが実態なのです。

さらにもうひとつ深刻な問題が発生しています。工事用車両は確保できても、今度はトラックを運転する大型車両免許を持つ人の人口が減少してしまっているのです。バスやトラックなど長距離運転をする運転手は、今や大変な人材難となっています。

昔はテレビドラマや映画などで、「トラック野郎」「トラックとうちゃん」は大人気でした。誤解を恐れずにいえば、昔「族」やってました、といったお兄さんたちが足を洗ってトラック運転手になる。家族を持って子供に自分のトラックを自慢する。そのトラックは見事に装飾を施され、族だった頃を彷彿《ほうふつ》とさせる。気は荒いが心は優しい。そんな姿がドラマや映画のネタになったのです。

では今どきの地方の若者。トラック運転手のような体にきつい仕事はまっぴらごめん。車両の運転でも、彼らが好んでやるアルバイトが宅配便の配達だそうです。同じ運転手と思うなかれ。こちらの職種であれば毎日家に帰れるのです。稼ぎはそれほどではなくとも結婚をせず、家庭を持たなければ十分な収入が確保できます。なにしろ国内での移動はないから面倒くさくない。苦労して報酬をたくさん得ようというインセンティブに欠ける社会になっているのです。

親の年金は今のところ充実しているし、あくせく働かなくても家はある、車もある。収入がたとえなくとも社会保障が完備されている今の日本にあっては、仮に生活保護になっても田舎ならそれほど困らない。まわりにも同じような仲間がいるからさびしくない。だいたいこんな構図になってしまっているのです。

市場の原理が働いて、建設費がまたリーズナブルな範囲に戻ってくるかと言えば、実は日本の構造的な問題をかなり抱え込んでいることにも目を向けなければなりません。解決への道は今のところ見出しにくく、建設費は「高値」を維持していく可能性が大きいと言わざるをえません。

建設技能労働者もしょせんは「東京五輪」までで、そのうち建設需要も衰えて正常なバランスに落ち着くだろうと考える向きもありますが、そもそも建設業の「働き手」だけでなく建設するための「道具」もなく、「道具」を操る「運転手」もいなくなっているのが今の建設現場です。楽観的すぎる予測と小手先の対応策だけでは、事態の根本的な解決にはつながらないのです。

建設費高騰で不動産マーケットはどうなるか

建設費の高騰は、日本が抱える構造問題の一部が顕在化してきたことの表われです。そして今後日本の不動産マーケットにも、顕著な形で影響を及ぼしていくものと考えられます。

たとえば、現在では売れ行き好調である分譲マンション事業はどうでしょうか。4000万円だった物件が今後わずか1年あまりで1000万円も値上げして売れるものでしょうか。

おそらくはデベロッパーの多くが、自らの分譲利益を削るだけでは対応できないため、より郊外の土地代の安いエリアに物件を求める、あるいは住戸面積を狭くすることで全体の価格の上昇を抑える。そして建設費を少しでも圧縮するために住宅の設備仕様を落とす。だいたいこんな対応をとりはじめることとなります。今までもこの方策はマンションが高騰すると必ず採用されてきました。しかし、いつもの手段はこれからの日本で通用するのでしょうか。

熾烈《しれつ》な競争の末に取得したマンション用地。ここで今まで経験しなかったような高い建設費でマンションを建設する。更地で持ち続けられるのはごく少数の大手デベロッパーだけです。多くの業者はとにかく建設しなければならない。やるしかない、旧帝国陸軍のような状況です。

そしてできあがったマンションを無理にも売ろうと頑張る。価格が高すぎてさすがにマーケットで売れなくなる。赤字覚悟でたたき売りに走る。たくさんの在庫を抱えた中小業者から倒産する。「マンションが売れない」とメディアで喧伝《けんでん》されるとますます売れない。負のスパイラルへの突入です。

当然大手を中心にしばらく土地を抱え込む作戦に出るでしょうから、新たに土地を取得する意欲はマーケットでは急速に減退します。結果、土地代は下がります。郊外などであわてて土地の確保に走っていた業者は、結局「高値摑み」をしたツケをここでも払わされ、厳しい状況に陥っていきます。

結局構造問題として「高値止まり」している建設費のしわ寄せは土地代＝地価にやってくるのです。

このように分譲マーケットが反転をはじめると、人々の目は中古マンションに向かいます。幸い首都圏などでは、もはや住宅ストックは十分に整っています。手ごろな中古住宅を買ってリニューアルして住む、といった行動が増えてくるかもしれません。

これは空き家問題にとっては朗報です。なにしろ中古マンションはすでに「建設された」住宅ですから建設費の高騰とは無縁です。ただし多くの空き家がすでに見たように「賃貸用」として、または「売却用」として魅力的な要素を持ち合わせていた物件では、そもそもありません。いきなり空き家の処分にめどがたって空き家問題は解決、といったようなバラ色のストーリーにはならないようです。

賃貸マーケットはどうでしょうか。このマーケットでも新築ものは厳しい状況に陥ります。土地代、建物代あわせて25％も値上がりすると、賃貸の運用利回りが大幅に下落してしまうからです。

投資資金が25％アップすれば、当然賃料が同じ比率で上昇してくれない限り利回りは下がってしまいます。それでは賃料が上昇する見込みはあるのでしょうか。今まで月額15万円で貸していたエリアの案件で、いくら新築だからといっていきなり18万8

000円で貸しますと言えるほどマーケットは貸手優位にはなっていません。首都圏においてすら今後の人口構成で急速に高齢化が進み、若年層がどんどん減少していく環境の中で、賃料負担力が高くなっていくという社会は想像が難しいのです。

この状況は、賃貸オフィスマーケットでもまったく同じです。現在の建設費の高騰が続く限り、同様にオフィスの賃料を引き上げていかなければ「投資」としてのオフィスビル事業は成り立たなくなってくるからです。

一方でそれを支えるだけの需要があれば賃料の引き上げは可能ですが、相当な経済成長を達成し、90年代バブル時のような「世界に輝くニッポン」を取り戻すことでも実現できない限り、需要には一定の限界があると言わざるを得ません。

ということは、今後新築オフィスビルといえどもオフィスマーケット内で壮絶なテナント引き抜き合戦が生じるということです。

その結果としてオフィス賃料は下落する。投資利回りはさらに低下する。悪いシナリオばかりが頭をもたげてきます。

進む不動産のコモディティ化

住宅という社会インフラが充足し、多くの人が家を所有するということがあたりまえの世の中になっています。特に首都圏などの大都市圏では多くの流入人口の受け皿として住宅整備の必要性が叫ばれました。

実際に多くの人が住宅ローンを組み、マイホームを取得し、自らの城を築き上げることが人生の目標ともなっていました。ところが、そのあとを受け継ぐ次世代の子にとっては、家という存在は特別な存在ではなくなってきました。

長男長女社会となり、子供もせいぜいひとりか２人。子供のいない世帯も増え一生結婚しない人も多く出現する中で、新たな住宅需要が見込みにくくなってきたとも言えます。

家を持つことは、すでにステータスでもなんでもない「あたりまえ」に存在するものとなっています。したがって家という存在そのものについては、一部のものを除いてはごくありふれた＝コモディティ化した商品になったのです。

車を例にとってみましょう。車がまだ珍しかった頃、車は社会のステータスシンボルでした。車の効用はともかく、所有していることで十分社会の尊敬を集めることができたのです。

やがて車は大衆でも手が届く存在になります。大量生産による商品価格の下落と大衆の所得の上昇により両者は急速にその距離を縮め、やがては誰しもが車を所有する社会へと変遷します。現代の中国や東南アジアが今、この軌跡をたどっています。

ただ、コモディティ化した車がある一方で、一部の車好きは相変わらず車というおもちゃに大量のお金を注《つ》ぎ込みます。走る、止まる、曲がるという基本機能は何ら変わらないものの、車にステータスを求める層は一定数存在し、そのマニア間では取引が成立するのです。

住宅も、ほぼ同じ経緯です。今や住宅は誰でもが所有する身近な存在となりました。したがってこの家という商品に多額のお金を注ぎ込むだけの動機が買う側には希薄になっています。そしてこの傾向は今後ますます強まってくるものと思われます。

勘違いしやすいのはここからです。その一方で湾岸のタワーマンションは売れる。東京港区青山の高級マンションには買手が殺到する。これらの現象は、コモディティ化した商品であるマンションでも、「特別な」存在＝ステータスを求める層が一定数存在することを指しています。そう、車と同じですよね。

ところが住宅の場合、車と決定的に異なる点があります。それは住宅はなかなか「朽《く》ち果て」ないということです。車はあくまでも耐久消費財。動産としてカウントされ、価値は年々減少していきます。それがプリウスであってもフェラーリであっても、やがてはスクラップされ鉄くずとなって消えていく運命です。

住宅の場合でも建物は経年劣化とともに価値が減少していきますが、土地は減価償却しません。永遠に残っていくものです。建物がたとえ朽ち果てても土地は残る。つまり所有権は永遠に残っていくのです。

空き家問題の根の深さはここにあります。車は基本は「なくなっていく」ものですから、世の中に「空き車問題」なるものは存在しません。若者が車を買わなくなったなどといった、もっぱら消費に関係する話題だけです。

コモディティ化したまま空き家となり、その場にどんどん堆積《たいせき》されてしまうのが住宅なのです。住宅に対して人々が求めるニーズも、時代の変化とともに変わっていきます。都心の利便性の高い土地などもっとよい立地を求めること、現代のライフスタイルに合った設備仕様を求めること、家族の形態に合わせた広さの住宅であること、自分たちの信念や価値観に合った環境対応型住宅を求めること、これらの動きはすべてコモディティ化した住宅からさらに一歩先を見通した人々のニーズです。

以前はこうしたニーズを獲得しようとするならば、今の住宅はもっとベーシックなニーズ＝まずは家を所有したい、という人に売ればよかったのです。ところが今はそのベーシックなニーズを持っている人が後ろに控えていない時代になりつつあります。

最初に買った住宅から一歩も前には進めなくなったともいえます。そして残された空き家は処分することもままならずに佇《たたず》んでいるのです。

団塊世代が舞台を降りる時

空き家問題をこれからさらに深刻な問題に導く恐れのある予備軍がいます。団塊の世代と呼ばれる人たちです。昭和22年（1947年）から24年（1949年）にかけて生まれたこの世代は、３年間で累計８００万人を超える社会の一大勢力です。彼らが日本の高度成長を支え、日本経済の礎《いしずえ》を作り上げてきたとも言えますし、学園紛争の主役としてとにかく「やかましい」世代であったとも言えます。

この団塊の世代の方々は、老いてもなお「お盛ん」です。世代の特徴として、なんでも群れたがる。会社を定年退職してからも、山へ海へ高原へ彼らは元気にグループを作りながら活動します。私の属する50年代後半から60年代前半生まれの年代は無責任時代とも言われ、どちらかといえば「群れる」のは苦手で彼らの行動原理にはなかなか馴染《なじ》めず、会社でも世代間ギャップをしばしば感じさせられたものです。

しかし、今はこの団塊の世代が消費を牽引《けんいん》しているとも言われます。この世代は人数が多いだけでなく、学生運動に見られるようにとにかく行動派です。国内で新しい商業施設や超高層ビルなどができると真っ先に見学にやってきます。

東京駅丸の内口が改装され、丸ノ内ホテルがレトロな外観を残しながら再オープンした時などは、私も不動産屋の端くれとして現地に見学に行きましたが、ロビーも喫茶店もほとんどの席がこの世代の人たちで埋め尽くされているのには正直驚かされました。東京駅のライトアップも、あまりに見学者が多いためにイベントが中止になるなどひと騒動となりました。

また、三井不動産がお江戸日本橋《にほんばし》にオープンした「コレド室町《むろまち》」は春のオープンということでお日柄もよろしかったのか連日、団塊の世代を中心とした多くの高齢者の見学客で大賑わい。木更津《きさらづ》のアウトレットモールは若いファミリーを集めて、アクアライン開通後初めてという渋滞に追い込み、足元の日本橋には大量の高齢者を集める。私の古巣である三井不動産、なかなかのマーケティング力です。

国内外の旅行でも、主役は彼ら団塊の世代です。この世代は会社でも40代前半のもっとも脂が乗った時代にバブルを体験し、会社の黄金期を謳歌《おうか》して、十分に満足できる退職金をもらい、もう二度と出ないほどの多額の年金をもらう、日本でもっとも裕福な世代ともいえます。膨らんだお財布であちらこちらにお出かけになるのですから、旅行業界にとっては大変な上客です。

さてこんなに元気な団塊の世代ですが、人間歳には勝てないと言います。平成32年(2020年)の東京五輪開催の年、彼らは71歳から73歳を迎えています。

「健康寿命」という定義があります。人間が歳を重ねるにつれ、体に何らかの具合の悪いところができて医者にかかる、あるいは介護施設などのお世話になる、その平均的な開始年齢を「健康寿命」と定義しています。この健康寿命、全国の平均が72歳と言われています。

この説に従うと、東京五輪開催時にはすでに団塊の世代の多くは「健康寿命超え」を果たしています。つまり、何らかの調子の悪いところを抱えるようになり、通院したり、介護施設などに入所している人が増えてくることになります。

さてこの時代になると、今まで消費を支えてきた団塊の世代が、自らのお金を消費にだけ回すことは叶《かな》わなくなり、医療や介護関係の施設に使わざるをえなくなります。これを旅行業界などでは「団塊世代の第二退職期」と呼んでいます。

今までは会社を退職すると、あとは「おじいさん」。高齢者として十把《じっぱ》一絡《ひとから》げにされてきましたが、なるほどこれだけ寿命が延び退職後もしばらくは健康である人たちが増えてくると、「第二の退職」があることになります。

この考え方からすれば、この大量に存在する団塊の世代が消費マーケットから退場をはじめる東京五輪後の日本の消費マーケットは、大きな影響を被《こうむ》ることが容易に予想されます。また、彼らが現在の住まいを離れ、高齢者専用賃貸レジデンスや介護施設などに入居すると、彼らを診療し、収容できるだけの施設整備は間《ま》に合うのか、そして残された家はどうするのかといった問題が当然勃発します。その時にはさらに若年人口も減少し、「買手」「借手」がいなくなっている。新たな空き家の大量発生です。

どうやら不動産マーケットがこの先大きな変容を遂《と》げていくのは、ひょっとすると東京五輪という宴《うたげ》が終了した直後からということになりそうです。

まったく足りなくなる病院と介護施設

私の知り合いのお医者様G先生。先代から引き継いだ病院は彼の代でさらに大発展。今では地域にとって欠かすことのできない総合病院です。このG先生、診療の腕はたしかで定評がありますが、ちょっと口の悪いことでも有名です。

ある日のこと、病院内での余剰スペースの有効活用についての打ち合わせで久しぶりにお会いしたところ、開口一番にこんなことをおっしゃいました。

「牧野さん、久しぶりだね。ところであんた、まだ藤沢《ふじさわ》なんかに住んでるの、ばかだね～」

久しぶりとはいえ、またずいぶんな「ご挨拶」です。

先生は続けます。

「いや、あんたもいくつ？　54歳。そりゃだめだ。たとえば10年後。あんたをおれのところで診察する。残念、癌《がん》だ。手術が必要だよ。おれはあんたにその事実を伝える」

縁起でもないのですが、私が答えます。

「まあ、仕方ないですよね、でもこの病院の最新鋭設備で、先生に手術してもらえるのならばよいですよ。大船に乗ったつもりで……」

「それがどっこい、だめなんだよね。次のおれのセリフはこうなるんだ。でも牧野さんごめんなさいね。あんたが手術できるのはこの先６カ月後だ。とてもじゃないがベッドを用意はできない。残念ながらその間に手遅れになったらあきらめてくれ。てなことになるんだよ、ははは」

なんということでしょう。笑いごとではありません。心配になった私は先生にもう少し詳しく説明をしてもらいました。

先生によれば、今、首都圏が世界で最速のスピードで高齢化に向かっている。ところが東京に住む多くの人が「医療崩壊」という単語は北海道やどこか遠い田舎の問題だと思っているが、それは大間違い。たとえば現時点においてすら人口10万人当たりの医師数を比較すると一番少ないのが埼玉県。千葉県が45位、神奈川県が39位なのだそうです。人口当たりの看護師の数、同じくベッドの数では神奈川県は最低。46位が埼玉県、45位が千葉県なのだそうです。

それに加えて今後一気に高齢化が加速されるエリアで、「あんたよく、のほほんと生活してるよね。ばかだね～」と言われた意味がようやく理解できました。

さらにG先生は私を脅かし続けます。

年齢によってどのくらい医療資源と介護資源が必要になるかといえば、年齢的には一番元気な15～45歳の人たちが年間に使う医療資源を1とすれば、65歳以上の方で約

６・５倍。75歳以上の後期高齢者ともなるとなんと8倍になる。さらにこれに介護資源を加えるとその数は10倍にもなるそうです。

医療や介護関係の設備は今でさえ十分でないところに、今後世界でも類《るい》を見ない高スピードで生じる高齢化の進展にまずまったくと言っていいほど設備関連の整備は追いつかないということでした。この結果が冒頭の「６カ月待っててね」というセリフの根拠だったのです。

ちなみに、「ならば先生、どこに行けばベッドはあるのですか」

とお聞きしたところ、先生はニコリとしながら、

「うん、西だね。一般病床の需給率はすでに東京では90％を超えているけれど九州や四国はいまだに50％。ここのエリアは大丈夫だよ。もうすでに高齢化は東京よりもはるかに進展していてこれからはむしろ減少していく。おそらく30年後でもこの数値はあまり変わらないいんじゃないかな」

なるほど、このまま首都圏に居を構えていると、介護施設に入れないばかりか、病院に入院すらできない医療難民になる可能性があることをG先生から教わりました。

早いところ四国か九州にでも転居したいところですが、親戚もいないし知り合いも少ない。困った事態です。

医療施設や介護施設はおそらく今までの施策の延長線上ではG先生のおっしゃるように何ら問題解決を行なうこともできずに、事態がどんどん深刻化することを結果的に放置するような世の中になっていきそうです。

国としてもたとえば介護施設やケアホームを普及させるために、この施設の土地建物をREIT(不動産投資信託)の枠組みを使って資産を投資マネーで取得し、資金負担を軽くすることで施設建設の促進を図《はか》ろうと動き始めました。

REITはおもに個人の投資マネーを呼び込むには良い方法ですが、一方で利回り商品であるがゆえに配当の向上による内部成長と資産の買い増しによる資産規模の成長=外部成長を常に求められる存在でもあります。福祉の論理と資本の論理が必ずしもいつも一致するとは限らないのも、悩みどころです。

団塊の世代をはじめとした急増する高齢者が、家を置いて一斉にこれらの施設に殺到する。この絵姿は意外と早く見られるようになりそうです。東京五輪が終わる日。

首都圏の多くの家々の明かりが消えているかもしれないのです。

建て替えができない築古マンション

空き家問題では家主が住まなくなった戸建て住宅ばかりに目が行きがちですが、実はマンションでも今後大きな問題になることが確実です。

全国のマンションストックは現在約590万戸と言われています。マンションというと最近の住宅形態と思われてきましたがその歴史は意外と長く、日本で初めて民間資本により個人向けに分譲されたマンションは「四谷コーポラス」と言われる物件です。このマンションは日本信販により昭和31年（1956年）に分譲されました。以来60年、マンションは日本人の生活様式の中に溶け込み、今や都市部を中心にごくあたりまえの住居形態として定着しています。

この590万戸のマンション、さらに分類してみると1981年6月以前に建設された旧耐震マンションは106万戸も存在し、マンション全体の約18％を占めています。また1971年以前のいわゆる旧・旧耐震のマンションも約18万戸を数えています。

このマンションにも空き家の影が忍び寄っています。全体的にはマンションの空き家率はいまだ2・5％程度であるものの築年数が古くなるほどこの数値は伸び、築30年を超えると空き家率が10～20％程度に膨らんでくるのが実態です。

さて戸建て住宅と同様、マンションの空き家はどうすればよいのでしょうか。

実はマンションの空き家問題は今まであまりクローズアップされてきませんでしたが、マンションという居住空間がポピュラーになった今日、ここで生じる空き家問題は今後加速度的に日本の都市問題に発展する可能性があります。

マンションの空き家問題をさらに深刻にするのは、区分所有という所有形態にあります。建物が老朽化したから壊して建て替えましょうといったところで、全部が自分の資産であることが多い戸建て住宅と違って、マンションの場合は同じく区分所有している他の住民の同意が必要となります。3人寄っても意見が違うのに、数十人から何百人にもわたる権利者の意見を調整して建て替え等の事業を実施するハードルは、あまりに高いと言えます。

築年数が古い物件ほど空き家も増加する傾向にあります。この空き家、戸建て住宅と同様に相続はされたものの「貸せない」「売れない」状況のマンションだと、そのまま放置状態になっている可能性もあります。その建物の建て替えと言われても、新たな資金負担が必要ともなればその多くは拒否される可能性もあります。

もともとマンションを建て替えるためには、区分所有者による5分の4以上の賛成が必要です。建て替えにあたっては全員でいったんよそに引越しをし、全員の資金負担によって建物を解体、新たな建物に建て替えることとなります。

実際にマンションの建て替えは増加しているのでしょうか。国土交通省の調べでは今まで建て替えが行なわれたケースは全国で二百数十件にすぎません。また建て替えが行なわれたほとんどの物件は、既存の建物が容積率（敷地に対して建てることのできる建物面積の割合）を食い余していて、建て替えによって容積が増加する。その増加分を売却することによって各戸の資金負担を抑えて建て替えを促進する、といった特殊な事情のある物件でした。

すべての資金負担を全員が所有権割合に応じて公平に負担する。この誰でもが納得する形での建て替えを実現するなどということは、あまりに絵空事にすぎないのです。つまり各住戸の置かれている経済状況、家庭環境は築年数の経過とともに変遷し、区分所有権が売買されることによってニーズの異なる新たな住民が生まれ、共同体としてのマンションを同じ目的に導くことがどんどん難しくなってしまうからです。

また既存の容積率が余っているような物件というのは、たいていが1970年代頃に建てられた物件です。新たな都市計画のもと設定された容積が既存の容積よりも多くなったのは、都心部などごく一部のエリアです。こうしたエリアの物件はもともと立地もよい場所が多いので余剰分の容積は開発するデベロッパー等を通じて外部に売却を行なえば投資コストの回収にもつながり、計画をスムーズに進めることがしやすいのです。逆に容積率が建築時よりも小さくなった建物を「既存不適格物件」などと呼びますが、実際にはこの不適格物件が築年数の古い物件では数多く見られます。

このような物件となりますと、建て替えをすると、建物全体の床面積が減少してしまう。つまり各住戸が応分の負担をして建て替えた結果、自分の家の居住面積が減少してしまうという事態になってしまうのです。これでは建て替えるメリットがあまりに少なく、区分所有者たちは結局問題を先送りにし、何も考えずに建物が老朽化し、朽ち果てるまでほうっておこうという状況に陥ってしまうのです。

都心オフィスビルオーナーの悩み

同じように建物の老朽化で悩むのが、都心部でオフィスビルを運営する中小ビルのオーナーたちです。彼らも日本経済の成長とともに都心部にあった土地の上にオフィスビルを建築しました。地価は右肩上がりに上昇し、それに合わせて賃料も順調に上昇していきました。ところがバブル崩壊以降オフィス賃料は下落に転じ、ファンドバブルによる一時的な回復はみられたものの再び襲ったリーマンショックで賃料はどん底へ。

都心のオフィスビルオーナーも時代の波にさらされる20年となったのでした。そんなオーナーにとって1980年代くらいまでに建設した建物は築30年を超え、老朽化が著しくなっています。

現在東京都心部を中心に、築30年から40年を経過した多くの老朽化オフィスビルの建て替えラッシュが始まっています。東京の中央区銀座《ぎんざ》の中央通りを日本橋に向かって北上すると、この通り沿いにびっしりと工事用のクレーンが林立する姿を見ることができます。

もともと銀座から京橋《きょうばし》そして日本橋から三越《みつこし》前にかけてはオフィス街として成熟したエリアでした。ところがこの通り沿いのビル、いずれも築40年を超えるような古いビルばかりです。新しく立ち上がる新宿《しんじゅく》や六本木《ろっぽんぎ》の最新鋭ビルに比べるとスペックも古く、特にグローバル化の進展でテナントのIT通信設備に対するニーズの進化、環境、安全、防災などの面から、テナントの支持をなかなか得られない状況が続きました。

そこでこの通り沿いにオフィスを保有する有力な会社が、特に東日本大震災を契機に続々と建て替えに乗り出しました。日本橋の大旦那、三井不動産をはじめ、東京《とうきよう》建物《たてもの》、住友《すみとも》不動産、森《もり》ビルなど名だたるデベロッパーがこの周辺の古い物件を取得したり、地権者との共同開発の形で新しいオフィスビルへの建て替え事業をスタートさせました。

こうした動きに危機感を覚えたのが、既存の中小ビルオーナーたちです。自分たちもそろそろビルを建て替えたほうがよいということで、建て替え計画を立案するようになりました。ところが、実際に事業計画を練ってみると、その多くで採算が合いません。

原因は2つです。ひとつ目は建設費です。現在の建設費は坪当たり120万円から130万円。以前であれば100万円を切る程度の建設費でよかったものが、あっという間《ま》に3割アップになったのですからたまったものではありません。

ふたつ目が賃料です。メディアなどの報道では東京都心部のオフィスビル賃料は底打ちから上昇へ転じているといった論調が主流ですが、これは大手デベロッパーなどの所有する大規模物件での話です。中小ビルは依然として高い空室率と上がらない賃料のはざまで苦しんでいるのが実態です。

この背景にあるのは業績の改善の進む大手企業やグローバル企業がオフィスを拡張する動きがあることと、東京都心部を中心に大規模ビルの建て替えに伴う一時移転需要が顕在化していることです。中小ビルにとってのお客様である中小企業でこうした動きが顕著になったという話はあまり耳にしません。

建て替えるということは、その行為によって不動産としての付加価値が上昇することに意味があります。ところが現状のマーケットでは建て替えたところで従前と比較して賃料が大幅に上昇に転じるような要素は見当たらないのです。もちろん、隣地などを取り込んでビルを大型化する、あるいは開発手法を駆使して容積率を上げるなどといった方策によって賃料収入を増加させられるケースはありますが、単純な建て替えではなかなかそうした開発のメリットを享受するのは難しいこととなります。

こうしたマーケット状況の背景にも実は日本の衰退があります。日本の社会が少子高齢化して活力が失われる中、経済はどんどんグローバル化の道をたどっています。特に今後は欧米中心の経済からアジアやＡＳＥＡＮ諸国を中心とした新しい経済圏が主流になってくるかもしれません。こうした変化の中で日本は立ち位置を難しくしています。つまりアジア経済圏の中での日本のポジションは地政学的には必ずしも優位な位置にないからです。

国内経済の成長に限界がある中、日本も当然にアジア方面に権益を広げていく。その時に必ずしも東京にオフィスを構える必要性すら感じなくなってきている企業が増えているのです。私の友人で、シンガポールにオフィスを開設しＡＳＥＡＮで不動産関係の仕事をしているＨさんがいます。先日久しぶりにお会いして名刺をあらためて交換したところ、彼の名刺のアドレスから東京の名が消え、シンガポールのアドレスのみが記載されていました。

「あれ、東京の事務所は閉めちゃったの」

と聞く私に、Ｈさんは苦笑いをしながらおっしゃいました。

「いえいえ、事務所はまだあるのですが、記載するのをやめました。東京のアドレスだとこちらでは受け取った人の反応が、『まあ遠いところからようこそ』になってしまうのです。シンガポールのアドレスならエリアの中心都市。お客さんも真剣に向き合ってくれるのです」

東京は評価されていないということこの発言は、衝撃的でした。Ｈさんはさらにこう付け加えました。

「牧野さん、今や東京はアジアのファーイースト（極東）なんですよ」

考えてもみれば東京羽田空港からシンガポール・チャンギ空港までは7時間半。対するシンガポールはＡＳＥＡＮ諸国の主要都市ならばどこにでも3時間以内でアクセスができてしまいます。アジアの中でのファーイースト・ニッポン。そこで今後期待するオフィス需要はどんなものがあるのでしょうか。特に国内の地場産業を相手にしてきた中小オフィスビルは、何をターゲットに生きていけばよいのでしょうか。

オーナーの悩みは深刻です。

進む不動産二極化問題

大手のデベロッパーは周辺の不動産も巻き込んで面開発を行ない、大規模ビルを建築してグローバライズされた優良なテナントの確保に邁進《まいしん》します。一方で建て替えもままならない中小ビルオーナーは、古びて競争力のなくなった建物をだましだまし使いながら賃料の安さだけを売り物に何とか生きのびようとします。そしてそれが叶わないオーナーは、デベロッパーに物件を売却して自らのオフィスビル事業に幕を下ろします。

以前は同じように京橋や日本橋に建物を構え、ある意味共存共栄していたこうした構図が今崩れようとしています。不動産の二極化現象です。

大手から見ても事態は楽観できません。日本のデベロッパー業界も、どうも考える方向性がみんな一緒です。ある大手の設計会社の部長さんとお会いしたところ、その部長さんは首をひねりながら私にこうおっしゃいました。

「いや、最近は設計の仕事は多いですね、急増といってもよいですよ。ただね、みんな大手のデベロッパーさんの都心部での建て替えや再開発などの大型案件ばかりですよ」

私もヨイショして、

「それは景気もよくて何よりじゃないですか。大手の依頼なら安心ですしね」

というとその部長、ニヤリとしながら、

「でもね、牧野さん。この前ライバルの設計会社の部長と会ったのでお互いどのくらいの仕事の依頼がきているのか確認しあったのですが、驚きました。天文学的な数値というんですかね。とにかくいまだかつて経験したこともない数値ですよ。それも大手のデベロッパーの開発予定面積だけでものすごい数字ですよ。それもなぜかどのデベロッパーさんからも東京五輪までに絶対に完成させろと言われているのですよ。本当に大丈夫なのでしょうかね」

大手デベロッパーは相変わらず東京都心部での「国盗り物語」に余念がありません。以前は大手町・丸の内は三菱地所《みつびしじしょ》、日本橋は三井不動産、渋谷は東急グループ、六本木・虎《とら》の門《もん》は森ビルなどと何となく互いの縄張りがあって、あまり相手のエリアには侵攻しないという不文律がありましたが、今やエリア入り乱れての開発競争の様相になっています。

これではすべての開発が終了する頃、それはちょうど東京五輪が閉幕する頃、それまでにできあがった新規の大規模オフィスビルで壮絶なテナント獲得合戦が行なわれ、その決着がついているのかもしれません。最初に中小ビルが競争に負けて優良テナントを大手デベロッパーに奪われる。やがて大手同士でもテナント争奪の準決勝、決勝が行なわれる。

オフィスビルマーケットも、サバイバルゲームの開催が予定されているようです。これではおそらく日本のオフィスビルマーケットでも激しい弱肉強食の世界が展開され、競争に敗れたビルオーナーと勝ち残るオーナーとの二極化現象が起こってくるでしょう。

残されたオフィスビルは空室の嵐が吹き荒れるかもしれません。日本社会の構造の変化はオフィスマーケットにも空き家問題を生じさせているのです。

「本郷《ほんごう》もかねやすまでは江戸のうち」

短期間で人口が急激に減少し、高齢化が一気に進展する日本。日本は世界中でもっとも早く超高齢化社会を迎えると言います。

まだ世界の誰しもが経験したことのない事態に、日本は導かれようとしているのです。国立社会保障・人口問題研究所の推計によれば２０６０年、日本の人口は現在より４０００万人も減少し８６７４万人になっています。しかも65歳以上の高齢者の割合は39・９％、日本人は誰と会ってもおじいさんとおばあさんばかりの国になっているのです。

こうした社会を展望するに、もはや国中にあまねく社会インフラを整備し、これを維持していくという発想は変えていかなくてはなりません。現在の発想の延長線上に日本の未来は描けないからです。

東京も例外ではありません。高速高齢化が進む東京は多くのお年寄りをなるべく一カ所に効率よく集めて集中管理しなければ面倒がみきれなくなるかもしれません。

今では冗談のように聞こえるかもしれませんが、東京としての行政エリアも2060年には今よりもだいぶ狭めたほうがよいのかもしれません。

つまり、東京都心部、たとえば山手線《やまのて》の内側の容積率は一律で1000%以上として高層タワーマンションだけとする。そして郊外に延ばしていた鉄道は廃止して、沿線の住民はみんな東京都心部に移住させる。医師や看護師も、効率を重視してすべて都心部の医療センターに集結させる。高齢者用施設も含め、学校、役所などのすべての社会インフラもこのエリアのみで徹底して整備し、維持していく。

東京の縮小化です。江戸という町には人口がどのくらいあったのかいろいろな分析がなされています。俗説によれば18世紀初頭にはすでに100万人は超えており、当時の世界の代表的な都市であるロンドン84万人、パリ54万人よりも人口が多い世界一の都市だったとされます。

江戸の発展はまた見方を変えれば大火との戦いの歴史でした。いくつかの大火に見舞われるたびに都市計画を引き直し、そのつど江戸の領域を決定していったと言われます。特に享保16年（1721年）の大火は規模も大きく江戸の町の多くが失われたとされます。この当時の「復興大臣」大岡忠相《おおおかただすけ》は本郷《ほんごう》にあった小間物屋「かねやす」を江戸の北限としたと言われています。

その後、川柳などでも「本郷もかねやすまでは江戸のうち」と詠《よ》まれるようになったとのことです。余談ですが今でもこのかねやすは存在し、川柳の札も店先に掲げられています。

この大岡忠相のように東京の線引きをやり直す時代が来るかもしれません。東京は山手線の内側。外側は昔のように田畑にする。東京は江戸に回帰していくことになるかもしれません。

このように見てくると、どうも日本の不動産の状況は今後の時代の変化の中で、急速にその価値観が変化していくことが予想されます。今まで通りに価値を維持発展できる不動産がある一方で、まったく役に立たなくなる不動産が多数を占めるという事態の到来も予想されます。

かつては資産の礎であり、富の象徴でもあった不動産が、日本の中で「余りもの」「やっかいもの」にその姿を変えていく可能性が出てきたのです。その代表選手であり、私たちに対してこれから起こるであろう多くの問題のヒントを投げかけているのが空き家ということになります。

今の日本は、迫りくる危機の中であらゆる面において「問題先送り」を行なっているように思えます。これはある意味、誰も責任をとらない、とろうともしない、きわめて無責任な状態を指しています。臭いものには蓋《ふた》をするというこれまでの問題の対処では、もはやどうにもならない状況になっているのです。

さてこの空き家。問題の解決には多くのハードルと解決のための長い時間が必要です。そして解決のための手法も、すべてが経済的利益を得られるようなものでもありません。この問題の対処にあたっては空き家ひとつひとつの状況に右往左往するのではなく、もう少し世の中全体を俯瞰《ふかん》しながら対策を練っていくことも必要なのかもしれません。

次章では現在行なわれている空き家対策や問題に対する向き合い方の限界にふれつつ、地域全体での問題解決、国を挙げての政策の方向性の変革、対応策実現のための民間の力の活用などを取り上げて、空き家問題の解決への道筋を探っていこうと思います。

第４章　空き家問題解決への処方箋

空き家が放置されている。隣り近所に住む人たちの気持ちから察するに、この状況はあまり愉快なものではありません。庭の雑草は伸び放題。庭木の枝も伸びきって落ち葉もひどい。家人がいないので掃除もしてくれないし。夏は水たまりから湧《わ》き出た蚊《か》や虫が飛び出してくる。だいたい修理もしていないので「見た目」も悪い。いったいどうするのかこの家。

ところがこの程度のレベルではどうにもできません。家を建ててその家に住もうがそのまま放置しようが法的には別に何の問題もないからです。ましてやその家がどのように使われているのかなど、私権の侵害にもつながりますのであまり詮索するというわけにもまいりません。

「なんとなくイヤ」

ではどうにもならないのです。

この状況を法的にNOと言えるようにするためには、どうしたらよいのでしょうか。

まずは建築基準法という法律があります。この法律の第10条によれば、建物が建築時は合法でも現在の法令に反している「既存不適格物件」であり、かつその存在が保安上もきわめて危険であるなどの理由があれば、その所有者に対して除去するよう勧告ができます。また勧告に従わない場合、強制撤去も可能です。

しかし、すでにお気づきのように空き家に対しては、相当な事由がない限りこの法律を適用することは困難です。実際の被害などが発生し、その被害が当該建物に原因があることを立証できない限り法的根拠がないことになるからです。

もうひとつのアプローチが、景観法という法律です。この法律は景観地区に定められている地域にのみ適用されますが、その建物の存在が景観を著《いちじる》しく損ない、地域の景観形成の障害になっていることを立証できれば、建物の意匠の変更や改築等を命じることができることとされています。ただし、この法律を適用するにも相当の根拠が必要ですし、実際には建物の撤去などの強制力を持ち合わせていません。

つまり、法律だけで空き家問題を直接的に解決することは、きわめて困難なのです。実際に物理的に被害を受ければ損害賠償を含めいろいろな追及の仕方が出てきますが、精神的な苦痛を立証しアプローチするには、多くのハードルがあると言わざるをえません。

　こうした状況を受けて地方自治体などでもさまざまな空き家対策を講じています。しかしこれまでも述べてきたようにそれらの対策の多くが「対症療法」の域を出ず、問題の根本的な解決には迫れていないのが現実です。

　これまでの対策の内容を検証しながらその問題点を考え、今後どういったアプローチを行なうことで問題解決への糸口が見つかっていくのか、考えていくことにしましょう。

空き家条例の実態

　空き家問題の処方箋を書く前に、まず現在行なわれている地方自治体等の問題への対応策を検証しておきましょう。

　既存の法律では問題へのアプローチがままならない中、近所の住民の苦情にも対応していかなくてはならないのが、自治体のお仕事です。そこで編み出されたのが、空き家に関する「条例」の制定です。

条例とはなんでしょうか。条例は地方自治体などが、国で定めた法律とは別に自主的に定める自主法です。しかし自由に定められるのかと言えば、法的な位置づけとしては日本国憲法で定める地方自治法の下に定められるものとなります。基本的に国法を上回るものではないことから、国法で定められた内容を受けてその詳細や解釈について取り決めたものということもできます。

さてこの条例による空き家に対する規制ですが、大きく分けて「景観関係」「環境関係」および「建物管理関係」の３つの観点があります。

景観関係は、国法である景観法をベースとして、地方自治体が観光地など特定のエリアについて条例により規制をかけるものです。

代表的な事例としては、北海道ニセコ町の「ニセコ町景観条例」があります。この条例によれば観光地としての町の景観が著しく損なわれるような廃屋や草木が生い茂り、廃材や土砂、瓦礫《がれき》などを放置している土地について、撤去、除去等を所有者に対して勧告、命令できます。またこの命令に従わない場合には、行政代執行ができる建てつけとなっています。

環境関係では千葉県勝浦市《かつうら》で制定された条例「勝浦市きれいで住みよい環境づくり条例」があります。この条例は、景観という観点よりも地域全体の住環境の維持向上に重点が置かれていて、廃屋や雑草等が生い茂る空き地に対して是正を勧告、命令できます。またニセコ町と同様、従わない場合の行政代執行ができる旨、定められています。

また建物管理という観点から制定された条例の代表的事例としては、東京都足立区《あだち》が定めた「足立区老朽家屋等の適正管理に関する条例」があります。この条例では建物の老朽化が著しく今後建物が倒壊する、建築部材等が飛散するなど近隣に害が及ぶ可能性が高いこと、管理が行き届かないことから不審者等が侵入して火災や犯罪などが発生する可能性が高いことなどを理由に撤去を勧告、命令できるものです。

この足立区の条例の特徴は有識者などから構成される「老朽家屋等審議会」による審査が行なわれること、また勧告を受けた所有者が実際に建物を撤去する場合、木造で50万円、非木造で100万円を上限として解体工事費の半額を区で援助するというものです。

こうした助成金という「アメ」方式は、他の自治体でも取り入れるところが出てきています。撤去という「ムチ」と助成金という「アメ」の組み合わせにより、空き家撤去を促進させようというものです。

これらの条例は制定されたエリアでは一定の効果は上がっているようですが、行政代執行が行なわれた事例はなく、強制力を伴わせるには相当の立証が必要となってくることからも自治体側は及び腰のようです。

この空き家をやっかいものとして撤去させるという行為ですが、所有者の立場に立ってみれば別に「好きでそうしているのではないよ」というのが実情です。その実情を無視していわば「村八分」のような状況を作り出して強制的に「追い出す」だけの施策では、そもそも執行には限界があるのではないでしょうか。

そうした意味で足立区の試みは助成金というアメも用意して撤去を促《うなが》すという画期的な試みでもありますが、こんなことにいちいちお金を使っていたのでは、ただでさえ苦しい地方自治体財政で今後空き家が急増した場合、この施策を継続していくことはほぼ不可能なのではないかと思われます。

助成金が出るならば、「言われるまでほうっておこう」。人間誰しもが簡単なほうへ、楽なほうへ物事を考えがちです。このアメは逆に、空き家所有者たちにしゃぶりつくされるリスクも背負っているのではないでしょうか。税金を納める側の立場から考えると、なんだか心配になってきます。

無理やりの流動化促進策

空き家は見た目も悪く地域の中では邪魔物だからなくしてしまえ！　理屈としては簡単ですが、それでは撤去さえしてしまえば問題は解決されるのでしょうか。

今でこそ「あの家いったいどうするのかしらね」などと語り合っているお年寄りたちも、やがて自分たちがこの世からいなくなったあと、この家がどうなっていくかについて想いをめぐらさないものです。

実は今そこにある空き家ではなく、今大量に存在する空き家予備軍のところに問題意識を持たなければならないのです。

空き家の所有者にとって、家屋を撤去した後にも問題は残ります。更地化した後も、土地の管理は続けていかなければなりません。もともと管理する余裕、それは金銭的余裕や時間的余裕がなかったから空き家の状況にあったわけで、更地になったからといっていきなりちゃんと管理ができるとは限りません。

ましてや固定資産税が空き家のあった時に比べて6倍にもなろうものなら、いったい何のためにこの「使えない土地」を管理しなければならないのか疑問に思っても不思議ではありません。

そして地域住民にとっても空き家が更地化され、いったんは問題解決ができたかのように見えても、空き家予備軍の中からまた空き家が誕生する。まるでイタチごっこのような状況が続くことになるのです。

いやなものを追い出すために、さらにきついムチを繰り出すことも検討されています。つまり、空き家を解体して更地化すると固定資産税が6倍になる、だから空き家はそのままになる。ならば、空き家になっているということ自体に課税しようというものです。空き家のままになっている不動産には固定資産税を大きく賦課しようというわけです。

これも危険な発想です。海外勤務などが長期にわたってその間空き家となる家の多い昨今、「住んでいなければペナルティー」的な発想はやや筋違いというものです。住んでいれば住民は行政の提供するさまざまなサービスを享受できます。海外赴任をしている家族にとっては赴任期間中、これらの行政サービスは受けたくとも受けられない。それでも税金が高くなるのでは理《り》に合いません。

また、このようなムチを与えることで、流動化が促進されると考える向きもありますが、かつてのように住宅に対して強いニーズがあった時代ならばともかく、住宅が完全に飽和している現代において、無理やり流動化を促すような施策は受け入れられるものではありません。

行政としてもこれから急増が予想される空き家に対して、その解体費まで補助して更地化のお手伝いをすることが本当に合理的な施策であるのかも、疑問の残るところです。行政サービスは住民全体の利益を考えて行なわれるべきです。強制撤去後にその費用を所有者に求めるという自治体もありますが、実際には多くの例でとりっぱぐれています。また、解体費の補助は、一部の住民のためだけに行政がお金を出してまで相手に言うことをきかせる、というやや乱暴な論理構成のような気もします。

今の自治体は、今後これらの空き家がどんどん増加していくことについて、どれほどの危機感を持っているのでしょうか。この問題が現在起こっている「特殊な事例」なのであり、多少お金を出してでも排除しようという考え方ならばわからなくもないですが、このような補助金を出していくことが、今後行政の大きな負担となる可能性が非常に高いということにも目を向けるべきではないかと思います。

流動化できるのであれば、実はこうした空き家問題はごく一部の特殊な不動産所有者の問題に収斂《しゅうれん》しているはずです。よくメディアでとりあげられる「ごみ屋敷」も同じようなカテゴリーです。周囲の迷惑になるからこれを排除しようという発想です。

ところがどうもこの空き家問題は、確かに一部は「変わり者」のなせる業《わざ》であっても、多くは日本社会の構造変革の影響が色濃く出ているように感じられます。「売れない」から流動化できない、「貸せない」から活用できない、そして「解体」したら税金負担に耐えられない、だからそのまま放置されているのです。

それを無理やり更地にしたり流動化するように「追い出し税」を課したところで、今後続々生まれてくる空き家に対する問題解決にはなっていないと言わざるをえないのです。

空き家バンクの限界

空き家を追い出すのではなく、活用していきましょうという方向性での問題解決も、各地の自治体で試みられています。空き家活用策としてもっともポピュラーなのが、空き家をほかの人たち、特に地域外の人たちに貸付けましょう、という取り組みです。

もちろん現在の空き家の所有者だって「貸そう」と思ったことはあったのでしょう、しかし、中にはどのようにしたら賃借人を募集できるのか方法がわからなかったり、マーケットでは成立しないような条件で賃貸に出してあきらめてしまった人もいるかもしれません。

ましてや地域外の人へのアクセスなど考えてみたことすらなかったかもしれませ

ん。

それを自治体のネットワークを使って、賃貸人募集のお手伝いをしましょうというものです。このサービスはどちらかというと過疎地域などで、都市部の人たちの移住や交流を促進するために、自治体からあらかじめ住宅を確保した上で提供しましょうという発想に基づくものです。

こうした取り組みがどのように行なわれているか、平成22年度（2010年）に地域活性化センターが「『空き家バンク』を活用した移住・交流促進調査」というレポートを発表しています。

この調査は、全国の地方公共団体にアンケート調査の方法で空き家バンクの活用について調査したものです。現在では多くの自治体が県外からの移住、交流希望者を募《つの》ることで過疎化の進行を食い止めようとしていますが、この活動に空き家バンクを活用しようというものです。

この調査によれば、移住交流を推進している自治体のうち、その半数以上が空き家バンクを自ら設置し、活用しているようです。

ところが実績はというと、登録物件数が増加しているところは市町村の25％にすぎず、横ばいないしは減少という回答が多くを占めています。もともと登録件数自体が少なく、市町村で登録件数が1～10件未満が半数というところからみて、この制度が平成17年（2005年）以降多くの自治体で採用される一方ではかばかしい成果を上げるにいたっていない実態がわかります。

この程度の活動では、自治体が自ら職員に時間を使わせて活動したところでその効果は小さく、それだけ移住・交流活動というものが都市部の人たちに魅力的に伝わっていないという証左と言えるのかもしれません。

こうした地方の取り組みはそれ自体否定されるものではありません。地域間交流を進める上で、空き家の提供は固定費を極小化したい移住者にとってはとても良い制度だと思いますし、放置されている空き家には、少しばかりのリニューアルを施《ほどこ》せば立派に使える住宅も多いと聞きます。もっとPRして地方への移住を促進していただきたいものです。

しかし、本書では空き家問題をもう少し大きなフレームでとらえています。この空き家バンクという取り組みだけでは今後首都圏をはじめとした大都市圏で一気に顕在化する空き家問題の解決にはとうていなりえません。

また首都圏のようなエリアで空き家を賃貸に拠出するには、すでに民間の賃貸仲介業者は多数存在します。公《おおやけ》が手を貸さずとも本来賃貸に供せるような立地仕様の土地建物でしたら、最初から問題にはならないはずです。

ところが都市部でこれから大量に発生する空き家の多くはおそらく賃借人がつかない、売却しようにも買手がいない、そんな物件が山のように出てくることが予想されます。

この対策には先述したとおり、空き家一軒一軒と真正面から向かい合っても解決への道は遠く、これらの空き家を不動産として今後どのように取り扱っていくのかを、不動産価値の創出という観点からとらまえる必要性があります。

自治体が作る都市計画においても従来のような用途、容積率（敷地に対して建てることのできる建物面積の割合）の概念を見直し、エリアの実情に合わせた柔軟な計画を立案していくことが求められます。

それでは、具体的にどんな対策があるのか見ていきましょう。

市街地再開発手法の応用

空き家問題を論ずる場合、常にやっかいなのが空き家と言えども、それぞれの家には所有権があり所有者がいることです。所有者には私権がありますので、その権利を踏み越えて対策を打つわけにはまいりません。

また空き家の撤去や活用を考える場合でも、所有者の意向や利益に大きく反するものであっては、最初から話になりません。

そこでこの問題解決をまったく違った視点から考えてみることにしました。そのヒントは都心部での再開発事業にありました。

都心部で今、再開発事業があちらこちらで行なわれています。デベロッパーなどがそれまで所有していた既存の建物を建て替える、あるいは周辺の土地を買収して再開発するなどといった計画に交じって、事業内容を知らせる「お知らせ看板」に施主として「○○地区市街地再開発組合」といった名前の記載があることに気づかれた方もいらっしゃると思います。

都市再開発法という法律があります。これは昭和44年（1969年）6月に制定された法律で、第1条にこの法律の目的として「市街地の計画的な再開発に関し必要な事項を定めることにより、都市における土地の合理的かつ健全な高度利用と都市機能の更新とを図《はか》り、もつて公共の福祉に寄与することを目的とする」と謳《うた》われています。

具体的にどういった開発手法かといえば、都心部などに細切れに数多く存在する住宅や商店などの密集地について、それぞれの権利を持ち寄って一帯の土地にし、高度利用や都市機能を取り入れ公共性にも配慮した建物に建て替え、開発することで都市の再開発を促していく手法です。

森ビルが六本木ヒルズの開発などで採用した手法です。個別の地権者ひとりではとてもできない再開発を多数の地権者が一体となることで、まったく新しい形の開発に仕立てあげていくもので、現在でも多くのエリアでこの手法による開発が行なわれています。

この開発手法には2つの種類があります。第1種と第2種という事業方式です。

第1種事業とは「権利変換方式」とも言われ、土地の高度利用によって生み出される新たな床（保留床）を新しい営業者や居住者に売却することなどにより、再開発の事業費を賄《まかな》うものです。従前の土地建物所有者は、従前資産の評価に見合う再開発建物の床（権利床）を受け取ることができます。

第2種事業とは「管理処分方式（用地買収方式）」とも言われ、いったん施工地区内の土地建物を施工者（多くの場合デベロッパー）が買収または収用し、元の地権者が希望すればその対償にかえて再開発建物の床が与えられるというものです。

この方式自体は、もともと都心部の再開発手法として制定されたもので、土地の高度利用を主な目的としています。しかし、元となる開発の考え方は小さな権利を持つ多数の地権者の意思を統一し、各地権者が自分たちの権利を持ち寄ってその時代にふさわしい新しい用途の開発を行ないましょうというものです。

この手法のよいところは、地権者が自分の持つ床（権利床）がいらない場合には土地建物の段階で売却ができるし、また権利床として運用してもよいという点です。

つまり公《おおやけ》の立場から考えると、今の土地利用は地域の実情に合っていない。しかしこの地域内には、大勢の権利の分散した権利者がいる。それであればそれらを束《たば》ねて権利を有効に使いたい人、もう権利は手放して別のところに行きたい人、みんなを「仕分け」して解決してしまいましょう、というものです。

この手法を空き家問題の解決に使えないものでしょうか。

まずは高齢化が進み、空き家はもちろん、お年寄りの一人暮らしが増加したエリアを選びます。このエリアではおそらく健康な一人暮らしのお年寄りばかりではなく、中には在宅で看護を受けている人もいるでしょう。各戸の事情はいろいろです。

しかし一方で、すでに今ある家は思い出こそ多いもののひとりで住むにはたいそう広く、家の中は無駄なスペースばかり。バリアフリーにするにもお金がかかり、家という資産を持て余し気味の方も多いはずです。

そこで、空き家のみならず今は家として使われているお年寄りの家も対象にして、市街地再開発の空き家対策版をやるのです。

つまり、対象エリアの住宅の権利を持ち寄っていただく。それぞれの地権者の権利状況に応じて再開発事業のシェアを決める。対象エリアの容積率をアップさせて、自治体などの事業推進者が高齢者専用の賃貸住宅や介護施設を建設します。権利者の方は権利床をそのまま利用して自ら施設に入居してもよいし、保留床の一部を購入して運用資産としてもいいのです。なぜ運用資産になるかといえば、保留床をこの施設を運営するオペレーターに賃貸することになるからです。

　これならば空き家の所有者もひとりで悩まずに権利のみを再開発に活《い》かすなり、売却なりをすることで問題の解決が図れるわけです。事業推進者は自治体でもよいですが、こういった施設を開発するデベロッパーでもよいのは、都心部における市街地再開発事業と同じです。

　開発後の保留床についてはＲＥＩＴに売却することも可能ですので、デベロッパーはこの事業を引き受けて開発を行ない出口でＲＥＩＴなどに売却することで、投資資金を回収することも可能となります。投資マネーを呼び込むことで、地権者にとっては各自の資産価値の実現をＲＥＩＴへの売却によって実現することも可能となります。

高齢者施設建設のための市街地再開発プラン

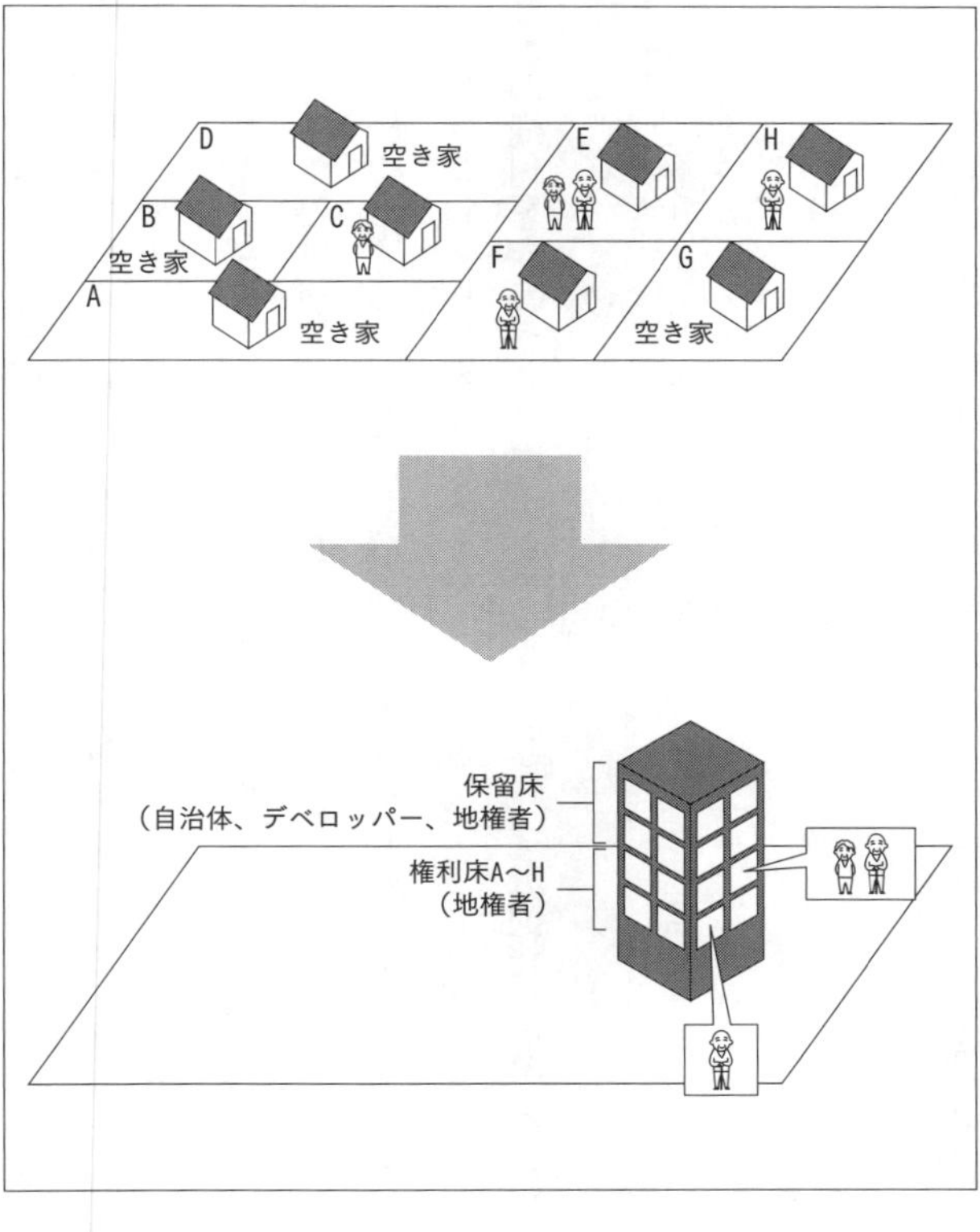

実際には、現行の都市再開発法の範疇《はんちゅう》ではこの手法は使えません。現在の制度はあくまでも都心部の土地の有効活用、高度利用を前提にしているため、一定面積の敷地が必要であったり、運用する用途に制限があったりするためです。ただ、基本的な考え方を継承して、都心部のオフィスビルではない、地域の高齢者施設の建設のために法律を組み替えることは可能だと思われます。

応用としてこの施設の床の権利を持つ権利者は現在は必要でなくても今後、高齢者施設に入居したい時には入居に関する優先権なども保持できれば、現在のお年寄り夫婦の家や空き家の権利を今のうちに拠出しておこうという選択肢も出てくることでしょう。

もちろん、市街地再開発事業でも、自治体による一定の開発補助金が支給されるケースが多いのですが、高齢者施設の建設にあたって自治体からの一定の補助金をいただくことも、制度設計上可能となってきます。

自治体からみても、一軒一軒の空き家に解体費を補助する「バラマキ型」のお金の使い方よりも、多くの方が将来にわたって利用することができる高齢者施設にお金を出すことのほうが、よほど市民に対してフェアなお金の使い方になるとも言えます。

このように空き家やこれから空き家になることが予想される空き家予備軍を、今のうちから今後絶対に不足する高齢者施設の開発のための用地に提供していただくのが、この市街地再開発制度の応用です。

おそらく、すでに都市再開発法という法律のひな型はありますので、このひな型に改編を加えれば「高齢者施設開発法」のような法律を作って、事業として位置づけをはっきりさせてあげれば、この手法、首都圏郊外でも地方都市でも活用が可能なものとなるように思われます。

平成26年（2014年）5月、政府は都市再生特別措置法の一部改正を成立させ、この動きに理解を示し始めています。この改正法では特定用途誘導地区に指定されれば、第一種低層住居専用地域でも今まで建設できなかった介護施設等の建築が可能となりました。これも改革への第一歩です。市街地再開発制度の応用もぜひ実現したいものです。

シェアハウスへの転用

市街地再開発のような大掛かりな開発には、時間もかかるし手間暇がかかるという場合も多いものと思われます。空き家の活用手法として、地域貢献のための施設に転用するという考え方があります。

これは朽《く》ち果てかけているような家では無理ですが、ある程度の規模のある家ですといろいろな活用手法があります。

私が実際にご相談をいただいたのが神奈川県内の建坪約40坪ほどの比較的大型の空き家でした。物件を実査してみると造りもしっかりしているし、何と言っても周囲は古くからの閑静な住宅街。所有者のIさんによれば父親から5年ほど前に相続した家であったが、まったく使うアテがなく売却するのも忍びないので、賃貸に出したものの借手はつかないとのこと。活用手法について提案することになりました。

床面積が広いのと台所からリビングまでが広いオープンスペースだったので、私たちが提案したのが「大人の趣味のためのシェアハウス」でした。

シェアハウスといえば、若者や外国人が安い賃料に魅せられて5～10人程度で一つの家をシェアして暮らすというイメージが強いですが、実際に住むとなると何かとトラブルも多いものです。また依頼を受けたIさんの所有する空き家周辺はそんなに外国人や若者がいるとも思えない立地でしたので、そもそもシェアハウスなんて成り立ちそうにありません。ところが周りを見渡すと、時間を持て余し気味の中高年がたくさんいらっしゃいます。

そこで私たちは、2階を7部屋くらいに分けて、その部屋を15~20名ほどの人でシェアしていただく「大人の趣味のためのシェアハウス」を提案することにしました。もちろん対象となるのはこの同じエリアに住む住民たちですので、この家に「住んで」もらう必要はありません。

ともすると定年後の人生、多くの高齢者は家に引き籠《こも》りがちとなり、近所の方々とも改めておつきあいをすることに躊躇するものです。そこで、この空き家を活用して、時間制で部屋を自由に使っていただくことを提案しました。

1階は共用スペースとし、地域の方の憩《いこ》いの場として、軽食や喫茶も可能にします。2階はシェアしている方が部屋を自由に使っていただく。楽器を演奏してもよいし、本を読んでもよい、趣味に没頭してもよいフリーなスペースを提供しました。自分の家があるからこんなスペースは使わないだろうと考えがちですが、アンケートをとると、意外とそういったスペースを安い利用料でシェアできるのなら使ってみたいという要望が多くありました。奥様や家族にはちょっと恥ずかしいような趣味でも、ここなら堂々と楽しめるというわけです。

この提案、実は非常に高く評価されたのですが、Iさんにとっては改装にかかるお金の工面が難しかったことに加え、一定の自治体等の補助金で運営費の足しにすることに理解が得られず残念ながらボツとなった提案でしたが、私はこうした空き家を近隣住民のためのコミュニティー施設として再生させ、地域の中での中核施設にしていくことは今後の安全や防災としての拠点とあいまって非常に価値の高い活用法になるのではないかと思っています。

このように少し視点を変えることは、空き家をどうやって再生させ、また地域のコミュニケーション拠点としていくか発想を前向きにしていくことだと考えています。

もうすでに「朽ち果て」ようとしている空き家ではその対策には限界があります。

一方でまだ十分に活用できる空き家について早期にその活性化策を考えて早めに対処をしていくことが、地域にとってもはるかに生産的な活用方法となるのではないでしょうか。

減築という考え方

横浜市内にある一棟の賃貸住宅の相談事例です。この賃貸住宅は約40年前の築。駅から近いという利便性もあって建物竣工時からの賃借人も多いようです。低層部は以前はファミリー層が多く住んでいたこともあって、ハンバーガーやアイスクリームのチェーン店が入居したショッピングフロアになっています。

しかしさすがに築40年を超えて、建物の老朽化は著しいものがあります。老朽化に伴って空室も目立つようになってきました。建物の老朽化のみならず人もどんどん老朽化。現在の入居者の年齢は70歳近くにもなっています。

建物所有者はそろそろ建て替えも視野に入れていますが、賃借人の多くがお年寄りということで簡単に出ていけというわけにもまいりません。一方で建物は耐震性を満たしておらず、万が一の大震災の時には大変な被害を被《こうむ》ることも予想されます。

また最近の建設費の高騰も頭の痛いところ。建て替えたところで多くの賃借人はまたもとの建物に戻りたいとおっしゃるだろうし、そこにいきなり高い賃料を要求するわけにもいかない。オーナーの悩みは尽きません。

そこで提案したのが「減築」という考え方です。これは欧米などではよく見られる手法ですが、建物を全部解体するのではなく一部だけを取り壊すものです。

設計会社に建物診断をお願いしたところ、現在の7階建てではたしかに耐震基準は満たさず、防災の面では不安が大きいものの、仮に上層部の2層を削って5階建てにして柱の一部に耐震補強を行なえば耐震性能は確保できるというものでした。

現状では、建物の老朽化の進展で空室は2層分くらいあります。それならば無理に頑張らずに5階建てに減築して耐震補強を施し、既存の部屋はリノベーションして住設機器などを最新のものにして再オープンさせようという計画になりました。

これならば高騰する建設費も気にならないし、工期も大幅に短くできます。かかるコストも最小限で計画を実行できることとなります。

幸いなことにこの土地の隣りには駐車場スペースがあるので、まずはここにマンションを建設。住民の方は一時的にこちらのマンションに移転していただき、既存建物の減築およびリノベーションを実施して、工事完了後に戻っていただく。新しく建設したマンションはその後に分譲して減築・改装費用に充当する。こんなプランです。

また低層部は今までのファミリー層向けのお店の構成を見直して、一部をケアホームに。そして同じフロアに保育園を誘致、さらに美容と健康をテーマにこのマンションのお年寄りも、園児を送り迎えするパパやママも楽しめる物販モールとして企画しました。

同じフロアで自然に3世代の交流ができるというコンセプトです。

このように従来の容積率を目いっぱい消化するという観点から離れて、コストを最小限に抑えて目的とする高齢者向けの賃貸住宅への改装を実現し、さらに3世代交流をも実現していく。こんな発想も、これからの空き家社会の中では必要になってくるのかもしれません。

介護施設への転用をどうするか

空き家の転用策としてよく議論されるのが、既存の施設を利用した介護・福祉施設などへの転用＝コンバージョンです。

一軒の住宅だけからの転用では費用対効果は見込みにくいので、もう少し大きな施設での転用となります。たとえば賃貸住宅やホテル、オフィスからのコンバージョンは新たに多額の建設費を負担せずとも、内装などを変えることで容易に介護や福祉施設への転用ができると思われるからです。

ただ実際にコンバージョンを行なうには、いくつかのハードルをクリアしなければなりません。建物には利用用途というものがあり、建築確認申請を行なう際には、建物の利用の目的をあらかじめ定めておくことが必要です。

町を歩いていて建物の建築工事を行なう旨を告示した「お知らせ看板」を目にされる機会があるかと思います。その告示内容の中で「用途」と表示されたものがこれにあたります。

この用途、建物が竣工したあとに勝手に変更することはできません。変更する場合にはその旨を行政に届け出なければなりません。用途の変更は意外とやっかいで、たとえば事務所用途だったものについて飲食などを供する店舗などに変更すると、飲食施設は厨房などを導入して煮炊きを行なうために消防上の問題など新たに多くの検査が必要になってきます。その結果、用途変更のための新たな費用もかかってくることになります。

それでは介護施設や高齢者専用の賃貸住宅などへの既存建物のコンバージョンを行なう場合はどうでしょうか。こうした相談はよくあるのですが、依頼されたお客様が考えるほど簡単ではありません。

たとえば、ビジネスホテルなどの宿泊施設からの転用は、とても行ないやすいように思われます。各部屋にはユニットバスがありますし、部屋の大きさも手ごろです。ベッドがあるのは共通ですし、ホテルの部屋には必要のない厨房施設は介護施設等にも基本は必要ありません。以上のことから、施設の設備仕様で大きな違いはないと考えがちです。

しかしほとんどの施設についてはホテルの部屋をそのまま介護施設や高齢者賃貸住

宅に転用することはできません。まず、部屋の扉の大きさが合いません。健常者の方はホテルの扉も施設の扉も同じように考えがちですが、車いすを利用される方からすると、一般的なホテルの部屋にはなかなか入ることすらできません。

たとえ、部屋までは入れたとしても、ユニットバスに入るのは困難な作業となります。部屋とユニットバスの間に段差がある部屋などはそもそも利用できませんし、ユニットバス本体の扉も、車いす利用を考慮したものではありません。

またそもそも部屋に向かうまでの共用廊下もビジネスホテルなどではぎりぎりの企画で作られたものが多く、介護を受ける方の利用を考えていないのが実態なのです。

この状況は賃貸マンションからの転用でも同じです。したがって、結局はフロアの部屋を全部壊して、一部屋一部屋を作り替えることになってしまい、かえって費用が割高になってしまうリスクがあります。

一方オフィスからの転用の場合は、意外とやりやすいケースのものが多いようです。オフィスはもともと住宅やホテルよりも天井が高く、フロアも細かく仕切っていたりしないので、施工はしやすいのが特徴です。

部屋を戸割りで作製し、床の上に新しく上下水の配管を設置します。配管敷設のために床を上げる必要がありますが、天井が高いためにそれほど問題はありません。問題があるとすれば、窓の位置です。部屋のレイアウトなどは考慮されていませんので、窓面に部屋の仕切りなどがきてしまい、戸割りに影響する場合があります。

それでも、オフィスは造りがシンプルである分、コンバージョンも行ないやすく、用途変更を行なうことができれば、意外と安上がりに仕上がることが多いようです。

ところで、オフィスなどよりももっと転用がしやすい施設があります。学校です。少子高齢化の中、地域で学校が必要でなくなり廃校となった校舎を、介護施設や高齢者賃貸住宅等へコンバージョンをするものです。これも一種の空き家の再生ビジネスです。

学校は教室の扉なども基本は横開き。また天井高も十分に確保できるので床に新たに配管を敷設することにも障害は少ない構造にあります。窓面も確保されていますし、廊下も広い。コンバージョンをしやすい施設といえます。廃校後の有効活用として全国に多くの事例があります。

長い人生を過ごしてきたお年寄りにとっても、学校に戻るのは遠い少年少女時代の記憶をよみがえらせるようで、今まであった音楽室や理科教室などを原形のまま残しながらコンバージョンする事例などもあります。

学校からのコンバージョンを行なう場合の問題点は2つあります。ひとつはエレベーターです。本来学校には給食などを運ぶダムウェーターと呼ばれる小さな昇降設備以外にエレベーターは設置されていないところが大半です。ところがお年寄りの場合はエレベーター設備は必須です。上下階の移動にあたって、車いすでも移動ができる大型のものが必要となります。

建物内に新たに設置するのでは、天井をぶち抜くなど多額の費用負担が発生します。そこで多くの場合では建物の壁面にエレベーターを敷設し、壁を抜いて建物と接続させる方法を採用します。

問題点の2つ目がバリアフリーです。学校は子供が集まり勉学や運動に励むことを目的に作られた施設ですので、バリアフリーの対応はほとんど行なわれていません。したがって床の段差などが随所にあるためにコンバージョンにあたってはコストアップの要因となります。

それでも学校施設は建物自体が大きく、敷地も広いことから、建物のコンバージョンのみならず、校庭などを車いすでもくつろげるような緑豊かな憩いのスペースにしたり、工夫の余地が多くあります。今後も活用事例が増えていくものと思われます。

このように現状では役に立たなくなってきた施設を「用途変更」を施した上に介護施設等に転用する手法は、今後も活発になってくるものと予想されます。

在宅看護と空き家の融合

今後急増する高齢者への対応として、もはや医療施設だけでの対応は不可能な状況の到来が予測されています。

特に、長期間にわたる看護が必要な患者さんを、今までのように病院のベッドで見守ることが困難な時代になっています。それでも自宅で看護することには、いざという時の対応などに不安を残す家族も多いと聞きます。

しかし、最近は医療技術の進歩だけでなく通信技術の発達で、医療現場と離れていても、病院に入院している時とあまり変わらないレベルで瞬時の対応ができるようになってきています。

一番身近なツールが、スマートフォンやアイパッドに代表されるタブレットです。自宅で患者さんに不測の事態が生じた時でも、看護をされている方はまず患者さんの状況をスマートフォンやタブレットで撮影してすぐにかかりつけのお医者さんに診《み》せることが可能となっています。お医者さんの側も現場に居合わせていなくとも、患者さんの様子を映像によって診ることで状態を把握し、応急処置を施すようさまざまな指示を与えることが可能となります。そういった処置が初めにできるだけでも、その後の症状はずいぶんと違ったものになるそうです。

また今後は、自宅とかかりつけの町のお医者さんと地域の中核病院とが連携して在宅医療、在宅看護を行なっていく体制づくりの構築が、目指されています。そしてこの間を取り持つのが、スマートフォンに代表されるような通信設備です。

しかし、自宅での看護はそれぞれの家の事情もあります。病気の状況によって医療器具は大型になりますし、看護用のベッドを置くスペースも必要になります。病院から遠く、いざという場合の救急体制に不安を感じる地域もあります。

そういった状況に対して、空き家を活用する試みも必要になってきます。空き家を医療施設や自治体などで一括して借り受けて、一体的に運用するものです。地域を絞ることで、看護の効率をあげ、町のお医者さんが駆けつけやすい体制にして病院のベッドを占拠することなく患者さんの受け入れを行なうものです。空き家内に症状に応じた医療設備を配置し、通信施設で結び、家族や看護師さんに見守られながら看護を受ける。こんな体制づくりに空き家が活用できるのです。

お隣りさんとの合体

自分が死んだ後は空き家になってしまうことが確定している家が、多く存在します。そんな状況が確定しているのならば、今のうちから同じ事情を抱えた家同士でくっついてしまえというのが発想の根源です。

これはヨーロッパのオランダなどで実施されている手法です。歳を重ねて子供たちが巣立っていった家は夫婦だけ、あるいはお年寄りが一人暮らしをするにはあまりに広すぎるし、管理も面倒なものです。子供が帰ってくるアテもないのであれば、もう少し合理的に考えてみてはいかがでしょう。

お隣りさん同士で一緒になるのです。3軒の家を1軒にしてしまい、2軒は解体してしまう。夫婦だけや一人暮らしであれば3軒がひとつになっても生活上不自由をすることはありません。仲のよかったお隣りさん同士であれば気心も知れ、いざとなった時にはお互いに支えあうことができます。ひとつの家族だけでこれから生じる健康への不安や看護も同じ環境の人たちが集まることで、互いに支えあうことが可能となります。

たとえば自治体としても家を1軒に集約してもらうので、今後の空き家の発生が抑えられることになります。また、家の滞在者が増えることで互いを介護することが可能となり、一人暮らしの老人世帯の面倒をみる行政コストが節約できます。

こうした動きを行政として支援することも、ぜひ考えてもらいたいと思います。たとえば、こうした世帯の合体に対してこそ、解体費、改装費の補助や固定資産税等の減免を行なってもよいのではないでしょうか。

行政からみても空き家の発生を抑え、その対策費用も節減できます。お互いの「見守り」が機能することで、警察、消防などの負担も減ります。世帯がいっしょになれば、看護なども合理化でき、かかりつけの町のお医者さん、中核病院との連携もしやすくなります。

世帯数の増加が続いてきた日本。世帯の合体によって世帯としての管理コストを減らす、結果として行政コストも削減する社会に舵《かじ》を切りなおす時代なのかもしれません。

3世代コミュニケーションの実現

高齢者施設は首都圏などの大都市圏を中心に今後、膨れ上がる需要に供給がまったく追いつかない状況にあると言われています。こうした動きを見込んで今、多くの業者がこのビジネスに参入しはじめています。

新たに供給される高齢者施設のうちでも介護が必要な施設は多くの場合、首都圏の郊外、しかも最寄りの駅からバス便、あるいはバスでのアクセスすらも難しく、車だけが頼りとなるような立地のものが多くあります。

マンションと違って、入居者の多くは施設に滞在したままで介護を受ける立場にあるわけですので、駅からの距離や生活の利便性などはあまり考慮しなくてもよいというのが根本的な発想です。

こうした土地であれば当然安価で土地を仕入れることができるので、利回りも高くなります。お客様は大勢いて需要は湧いて出てくるような状態なのでこのくらいの企画でも十分成立するというわけです。

しかし、高齢者施設はただお年寄りを一カ所に閉じ込めておけばよいという発想で、本当によいのでしょうか。

私の知り合いで高齢者専用施設を経営されているJさんという社長さんがいます。Jさんご自身も70代後半の後期高齢者ですが、いつも元気潑剌《はつらつ》、次々と斬新な発想で社会を見つめ、新しい提言をされる、私が尊敬する社長の一人です。

「老人施設を郊外にもっていってはだめですよ。あっというまにボケてしまいます。お年寄りも刺激が必要なのです。毎日いろいろな人と接することによって生きる力が湧いてくるのです」

そういえばＪさんの経営される施設はすべて街中です。また、Ｊさんは保育園も経営されており、園児とお年寄りの交流を積極的に進められています。Ｊさんは今後、大学のキャンパスの中にも高齢者施設を作ろうと目論《もくろ》んでおられます。

「牧野さん、お年寄りってばかにしちゃいけませんよ。今でも社会にいろいろな貢献ができる方がたくさんいるのです。大学の講義を聴いてさらに勉強をされたい方もいれば、教壇に立つことができる方もいます。ぜひ学生さんと自由に交流ができれば、社会全体を潤いのある豊かなものにできるのではないですか」

Ｊさんのところでは、一人暮らしのお年寄りでも気楽に立ち寄ることができる薬膳カフェも経営されています。お年寄りは、つれあいが亡《な》くなると食事がいい加減になってしまうことが多いそうです。その結果、体調を崩されるお年寄りを見てきたＪさんはそんなお年寄りでも気楽に立ち寄れて、しかも健康によい「おいしい薬膳料理」を提供できるカフェを出店されています。

私もカフェを見学させていただいたのですが、驚いたのはお年寄りだけでなく、子供を幼稚園に迎えに行った帰りに立ち寄ったママさんたちも大勢いて、それは賑やかなお店だったことです。そこには自然と会話が生まれ、世代間を超えたコミュニケーションが形成されていたのです。

高齢者が数の上では圧倒的な勢力となる日本において、高齢者を隔離してしまおうという発想ではなく、せっかく大勢いらっしゃる高齢者に活躍してもらう場所を提供しよう、そのためには街中で、3世代にわたるコミュニケーションが常にできる場を作っていこう、というJさんの発想の豊かさに学びたいものです。

これからは都会でも激増する空き家を活用して、街中の空き家に高齢者を集めるだけでなく、世代間コミュニケーションを図れる空間の提供も、重要なテーマになってくるものと考えられます。Jさんのところで試みられている保育園や、どの世代でも関心が高まる美容や健康をテーマとしたショッピングモールの付設、学校との提携による各世代が学びあえる環境づくりなどヒントはいくつもあります。

これからは世代間ギャップを言い募るのではなく、世代を超えた街づくり、共同体づくりに軸足を移していく時代なのです。

地方百貨店の有効活用

地方の百貨店が、次々とその歴史に幕を下ろしています。かつては街の商業のシンボルとして君臨してきた百貨店も、売上が急減。車社会の進展とともにお客様はロードサイド沿いの格安ショップへ。地域中心部に人が集まらなくなり、かつては大いににぎわった商店街もシャッター通りになりました。地方都市の中心部ではよく見られる惨状です。

デフレの継続やネット通販の隆盛も売上減少の要因のひとつではあるでしょうが、何と言っても人口の減少と高齢化の急速な進展が、百貨店のような業態を直撃したとも言えるでしょう。

閉鎖された多くの百貨店は街のシンボル的な存在であっただけに、自治体も含めてなんとか活用策はないかと頭を悩ませています。しかし、今さら百貨店に代わる大規模小売店舗の出店は見込みにくい中、低層部は地元の物産を集めた店舗などに活用できても、上層部は活用案がなく、がら空きとなっている事例が多くみられます。

建物を取り壊して更地にしたところで、新たに建物を建築して事業を行なうには街の中心部にあるだけに地価も高く、採算性が見込めません。つぶれた百貨店の場合は解体費を用立てすることもできず、結局そのまま放置されているケースもあります。「店舗の空き家問題」です。さて、この空き家、壊すにはもったいない堅固な建物です。エレベーターもあれば、広い階段やエスカレーターもあります。用途を変更した上で高齢者用の住宅に生まれ変わらせることはできないでしょうか。

もともと百貨店は住宅に比べて天井高にも余裕がありますので、床に配管を敷設して、床上げを行ない、高齢者専用の住宅や介護施設に転用するものです。「街中に老人施設なんて」という発想ではだめだと言いました。

フロアが広大なので、ワンフロアは別の用途、美容健康モールやカフェレストラン、保育園なども整備できるかもしれません。

以前、閉鎖になったある百貨店の建物をそのまま活用して上層部をホテルにコンバージョンするプランを提案したことがありますが、百貨店はガタイが大きいだけに活用方法はいくらでもあります。壁に窓がない建物が多いのがネックですが、構造上の問題がなければ改めて窓を設置することも容易にできますので、ホテルや住宅への転用の可能性は高くなります。

1階部分などは天井高が7、8m以上にもなります。街のイベントスペースとして映画上映、ライブやコンサートができる場、あるいはダンスフロアなどにして地元の方々の憩いの場にしてもよいかもしれません。

こうした百貨店などの大規模建物の活用にあたっては、地元商店街からの転入を促す方法も考えられます。つまり、商店街の一軒一軒の「空き商店」問題に首を突っ込んでいても問題解決はなかなか捗《はかど》りません。それならば、もう再開する見込みのなくなった店舗の土地建物の権利を百貨店のフロアに変換してもらうのです。変換した見返りは百貨店改装後の高齢者施設の床の取得ですから、この施設にそのまま入居して快適な施設ライフを楽しむことも可能となりますし、施設に貸すことで運用収入を得ることも可能となります。さきほどご説明した市街地再開発手法の変形バージョンです。

残された商店街のほうは施設を取得した運用主体や自治体が整備して、新たな憩いのスペースとして再整備すれば、都市の景観も変わり、また新しい観光資源などの活用にも役立ってくるでしょう。

こうした活用によって百貨店を、いわば地域の中における3世代コミュニケーションの殿堂とするのです。健康寿命を延ばし、人々をなるべく医療や介護のお世話になる時期を遅らせることが、高齢化社会においては非常に重要になります。そのためにも高齢者の方々を「引き籠《こも》り」にさせずに集うことができる場所を提供することです。新たに土地を仕入れたり、豪華な施設を建築する必要はありません。既存の建物を活用する、しかもなるべく街の真ん中に設けることで世代間に跨《また》がる施設構成とすることが肝要です。

ひと昔前に百貨店という建物が街のシンボルであったと同様に、形を変えてもシンボルとしてあり続ける工夫はできるのです。現状からの少しの工夫で既存の建物が蘇《よみがえ》る、そんな知恵が求められているのです。

第5章　日本の骨組みを変える

空き家問題を個別事象としてとらえ、その対策を考えるだけでは今後急増が予想される空き家問題の根本的な解決にはならないことについては、これまで述べてきたとおりです。

考え方の切り口を変え、空き家が急増することを前提として地域全体、あるいは国家全体として構造を変える、枠組みを変えていく作業が必要なことを、この問題は語りかけているのです。

なぜならこの問題を放置することは、やがて日本国全体の崩壊につながりかねないからです。

本章ではこれからの日本が迎えようとしている国家的危機の状況の把握とこの危機を乗り越えるために今、日本が実行していかなければならない既存の価値観の打破と、今後の国家としての方向性を、考えてみたいと思います。

空き家から空き自治体へ、自治体の消滅

日本創成会議という団体があります。この団体は政府の諮問機関とは異なり、産業

界労使や学識者が中心となって立ち上げた民間組織です。この団体では10年後のアジア・世界を見据えた日本全体のグランドデザインを描き、その実現に向けた戦略を策定することを目的としています。

この団体が平成26年（２０１４年）５月、衝撃的な発表を行ないました。

「２０４０年、日本では８９６の自治体が消滅する」

という、なんともセンセーショナルな内容です。この提言は国立社会保障・人口問題研究所の人口推移データを基本に地方から大都市圏への特に若年層の流出を予測し、結果として多くの自治体で人口が今までの予測以上に大幅に減少することを指摘したものです。日本の自治体は現在約１８００存在します。このうちの約半数が消滅するという、きわめて深刻な事態です。

特に興味深い視点が、20〜30代の若い女性が地方から首都圏などの大都市に移動することで、出産が可能な「ひと」が地方では今後大幅に減少し、その過程で人口の減少が顕著になる、としていることです。

発表では、２０４０年にこの若い女性の数が２０１０年と比べて半数以下になる自治体を「消滅可能性都市」と定義しています。この定義でみますと、秋田県の96%の市町村が消滅することになります。そんなばかな、と思うかもしれませんが一般的には自治体で人口が1万人を割り込むと財政が著《いちじる》しく苦しくなり、行政サービスに支障をきたすなどの影響が生じるとされます。

「消滅可能性」とは、自治体として機能しなくなるという意味で使われている表現です。ちなみに全国で唯一財政再生団体に転落した北海道夕張《ゆうばり》市の人口は1万人を割り込み、平成25年（２０１３年）には９９６８人となっています。今は夕張市だけの問題となっている「空き自治体」問題が今後全国に伝染していく恐れが、急速に高まっているのです。

では東京に出てきた若い女性はといえば、政府の期待通りに子供を出産してくれるのでしょうか。

日本の出生率が１・41と言いますが、実は東京に限って言えば、その数値は１・09。つまり東京に出てくると女性は子供を産まないのです。この理由はいろいろありますが、まずは彼女たちが都会に出てくる最大の理由は、「子供を産む」ためではなく「働く」ためだからです。当然ですが地方よりも都会、特に東京には仕事がある。都会で働き安定した所得を得るためには、とりあえず結婚して子供を産むというよりも、働いて所得を得ることが選択肢の中心となります。

もちろん、都会は地方に比べてはるかに刺激的です。子供を産み育てるだけなら地方でまったくかまいませんが、それ以外のたくさんのお楽しみがあるのが、都会の魅力です。出生率は当然にして下がります。またたとえ結婚して子供を産んだとしても、彼女たちは仕事を続けることが大前提ですから、子供はひとりが限界。２人、３人と産んで育てるには社会インフラはあまりに未整備ですし、企業側の理解もまだまだ薄いのが現状です。

政府も女性が安心して働き、出産ができる環境整備を唱えていますが、実態は理想と現実のギャップに直面し、思うような成果が上がっていないのが現状です。

若い女性を失った自治体の行く末は、悲惨なものになります。すでに多くの自治体では高齢者比率が大幅に上昇しています。その上で新たな子供の供給が行なわれないということは、あたりまえですが自治体は死滅するしかありません。人口がゼロになればそれも致し方ありませんが、問題なのは残された「まだ生きている人たち」の生活が脅《おびや》かされることです。

最近の地方の若い人たちは働きに出ない、と言いました。親の年金が潤沢で働くなんてばからしいと、結婚はせずにちょこっとアルバイトだけして親の家で生活して、つつがない、それなりの人生が営めればと思っていた人たちに、大問題が発生するのです。

今まで遊び場だった立派な公共施設は、自治体の財政難から閉鎖。そうした施設でのアルバイトももちろん消滅。次々と亡《な》くなる高齢者。亡くなれば生活の糧《かて》だった年金は消滅。親の年金をアテにした生活設計は崩壊。当然収入がないので消費はしなくなる、というか、できなくなります。そのうち住んでいた親の家も老朽化して、維持修繕コストもかかってくる。そんなコストは負担できないので、家屋は加速度的に老朽化し、今まですべての問題を回避してきたツケが、一気に現実化してきます。「うぜ〜、考えたくない」ですませていた事態が、避けて通れない現実として目の前に迫ってくるのです。

行政による手厚いサービスはなくなり、残るのは空き家、廃屋が軒《のき》を連ねる「死んだ町」です。そして当然にして引き起こされるであろう貧困と犯罪。

アメリカのミシガン州デトロイト市がいい例でしょう。自動車工業で一世を風靡《ふうび》して輝かしきアメリカ発展の象徴と言われたデトロイトは財政破綻。貧困と犯罪の都市としてありがたくないレッテルを貼られてしまいました。同じ状況がこれからの日本の地方自治体で頻発することになるかもしれません。

空き家どころでない「空き自治体」の大量発生です。日本は空き家を一軒一軒取り壊す余裕などないはずです。このままでは自治体がひとつひとつ潰れていく構造にあるのです。手をこまねいている暇はありません。

極点社会＝東京の行きつく先

さて、人が集まる東京はどうなのでしょうか。私が本業としている不動産業界でもよく語られるのが、

「でも、なんだかんだ言っても首都圏、いや東京は最後まで大丈夫でしょ」

という楽観的で不確かな確信があります。

日本創成会議は、国立社会保障・人口問題研究所の人口推移シミュレーションをもとにさらに踏み込んで、地方から東京に若い人たち、特に女性が集まってくると予想しました。この予測が正しければ東京はこれからも、人のブラックホールのように地方から人口を吸収し続けることになります。そのためのオフィスや住宅、商業施設などにはまだまだ需要があり、ここで商売をする限りは安泰という見方もできます。

では地方から東京に出てきた若い女性の眼に、これから起こる東京の変化はどのように映るでしょうか。

今後首都圏や東京で起こるのが、「高速高齢化現象」です。第1章で触れたように、現在東京で人口の中核を占めている団塊の世代を中心とした高齢者が、一気に後期高齢者の仲間入りを果たしていきます。そして彼らが自分の家を空き家にした上で、病院のベッドを独占し、介護施設は入所を待つ老人たちで溢《あふ》れかえることとなります。

今ですら高齢者施設はまったく足りず、たとえば東京の世田谷区《せたがや》では待機高齢者の数は2200人、施設の供給が需要に追い付かない状況にあります。この状態でさらに大量の高齢者が供給されることが確定しているのが、東京という都市なのです。

日本創成会議の発表でもうひとつ衝撃が走ったのが、「消滅可能性都市」で並べられた自治体に東京都の豊島《としま》区といった名前までが並んだことです。東京はけっして若者が自由に働き、意欲に満ち溢れて活動する場所ではないのです。

一方で、子供を産み育てようにも、保育園への入園ですら「待機児童」の問題があります。これでは東京で子供を産むことは、大変なリスクを背負い込むことになりかねません。東京で子供を育てるにはあまりに膨大なコストがかかることを、やがて彼女たちは知ることとなるのです。

東京に老人が溢れる。病気などしたら、満足な医療も受けられない。介護施設は満員。行き場のないお年寄りがうろうろと徘徊《はいかい》する東京。あまり良いシナリオをこの街で描くことができません。こんな東京でまだマンションが売れてオフィスはどんどん供給され、ここに大量の人たちが働き、住まう。どうも、こういう映像がぼやけてしまいます。

このままブラックホールのように日本の人口を呑《の》み込み続けることは、東京ですら難しくなっているのです。最後の桃源郷を求めて集まる人たちも、日本という国の縮図である東京で溢れかえるお年寄りたちに呆然とすることになるのです。

このように東京に人が引き寄せられていく現象を、極点社会と呼びます。しかしこの極点が崩壊してしまうとどうなってしまうのでしょうか。東京の崩壊は日本国の崩壊です。

個人の問題であったはずの空き家問題が空き自治体の問題へ、そして東京でも進む高速高齢化による空洞化。日本国全体の問題がここには潜んでいます。

国土の再編を考える

日本の自治体が実態として機能しなくなることが明らかになり、人口を吸収し続けるブラックホール東京が、一気に顕在化する高齢者問題で機能不全に陥《おちい》ることが予測される日本。このまま問題を先送りして死を待っているわけにはまいりません。

国の構造を変えるという、いわば明治維新で起こったような改革が、今の日本には必要なのかもしれません。具体的には、国土政策の転換、不動産価値の転換という課題です。

空き家が生じる背景には、

「そんなもの持っていても、使いはしない」

という思いや考えがあることをご紹介しました。今までは持っているだけで「トク」だった不動産に対してこんな言葉が投げつけられています。不動産に対する価値観の変化を物語るセリフです。

アベノミクスで掲げられているような公共投資の復活は、はたして地方経済を今後も支えることができる施策と言えるのでしょうか。今までのバラマキ中心の公共投資によってどれだけ無駄なお金が地方で垂《た》れ流され、その結果地方は将来にわたってはたして均衡のとれた安定成長を実現できたのでしょうか。

地方は相変わらず国の補助や援助、優遇を待ち続けて、ただ口を開けている状態をこれからも継続していくつもりなのでしょうか。国家全体としての「空き家化」「空洞化」が避けられない状況の中、こうした日本全体に蔓延《まんえん》する「問題先送り」体質は、そろそろ終焉《しゅうえん》の時を迎えています。

いわば国家の老朽化が、これ以上のわがままの面倒を見きれない状況に陥っている、と言い換えてもよいのかもしれません。

ではこうした状況をふまえて、今後価値のある不動産、魅力的な国土はどうやって形成されなければならないのでしょうか。国土の均等な発展が難しくなる中で、どのようにして日本を再編成していけばよいのでしょうか。

これまでの日本は人口の増加や都市化、経済の成長に伴って、住宅やオフィス、商業施設を大量に供給することに多くの時間とお金を費やしてきました。また地方と都会を結び付ける手段として、新幹線をはじめとした鉄道、高速道路などの社会インフラを整備することで、国土の均衡ある発展を促《うなが》してきました。

これからの日本で起こる事象は、今までのような、日本国中にあまねく行きわたる行政サービスをはじめとした均等的な国土発展の看板を、下ろさなければならない危機的な状況にあります。

ところが多くの人々は、今の生活が激変しないかぎり、深く静かに進行する現象については問題意識を持たないものです。未来を過去の延長線上でしか、考えることができないからです。

不動産の世界でいえば、土地は市街化区域と市街化調整区域に分けられ、前者においては基本的に市街地化を推進する政策がとられてきました。しかし、半数の自治体が今後日本から消滅する状況にあたって、いたずらに「市街化」を促進する政策はすでにナンセンスと言わざるをえません。

また地域ごとに定められている用途に関する規制、たとえば商業地域や住宅地域といった不動産の用途に関する条件付けや容積率などのルールについても、大胆に見直しをしていくことが求められます。

国土の絵図を変えるのです。この変更にはおそらく多くの議論とそこから生じる対立が予想されます。日本人が一番苦手な、政策の大転換、価値観を変える。このことにどうやって挑戦するのかが問われます。

ここで必須となる考え方は、既存の権益に対する挑戦です。社会はいわば歴史の積み重ねの上に成り立っています。今の国土の状況はある意味、これまでの歴史や価値観の産物とでも言い換えることができます。

しかし、時代の変化は今までの価値観を否定する変化でもあります。国土という不動産全体に対する見直しなくしては、日本の将来のロードマップは描けません。「痛みを伴う改革」——言い古された表現ですが、実は今までの改革などは痛みといえるほどのものではありませんでした。これからの改革は国土全体のデザインの変更です。

既存の価値観をベースにせずに、新しい国土の絵姿をどうデザインするか、改革への糸口を探っていくことが、今求められているのです。

都市計画の常識を変える

空き家どころか空き自治体が陸続してしまう日本。空き家問題の対処にあたる自治体自体が機能しないのでは、問題解決への道のりは遠くなるばかりです。

平成の大合併という言葉を記憶されている方も多いかと思います。平成8年（1996年）の衆議院選挙の頃から各政党が選挙公約に掲げ、平成11年（1999年）に当時の自民党ら与党の政策として当時3000以上あった自治体数を2010年までに1000程度に集約化する方針が打ち出され、自治体同士の合併が急増しました。

すでに地方交付金などの財政支援が限界を迎えつつある中で、自治体の合併により行政機能を効率化していこうというのが動機でした。この自治体合併は賛否両論がある中でなんとか現在1700程度に収斂《しゅうれん》していきました。

ところが、これでも今後消滅する自治体が896もあります。約半数の自治体が消滅する危機の中では、今後自治体同士のさらなる合併が生じることはもはや避けられない状況となるでしょう。

しかし、ただ単に合併することが問題の解決につながるのでしょうか。合併を行なったところで、合併後の自治体は行政管理地域が広くなるばかり。行政サービスを地域全体にくまなく施《ほどこ》すには限界があります。

求められるのは自治体ごとに定めている都市計画の大胆な見直しです。さきほどお話しした市街化地域の設定や用途地域のあり方、容積率や地区計画など都市としての青写真を再度設定し直すことが必要なのです。

既存のルールをもとに「ダメ」になってしまったもの（ここで言う空き自治体）をたくさん繋《つな》げてみても、問題の解決には繋がらないのです。合併を行なった後に、ルールを変える、つまり市街化地域を大胆に縮小する。公共施設の配置を見直す。交通体系を再編する。地域として何が必要で何が不要なものか、街の中心をどこに設置し、人々をどのように集めるのか。コンパクトシティの発想をどこの地域でももっと大胆な形で実現していくことが求められます。

国土交通省でも現在、都市再生特別措置法の一部を改正して、住宅や医療施設、福祉施設や商業施設などの立地の適正化を図る「立地適正化計画」を作成して、それぞれの用途を誘導する区域を設定できるようにしています。

この制度は、誘導エリアにおいては用途の制限や容積率の緩和、該当施設の事業者に対する出資などを、民間都市開発推進機構などを通じて実施できるようにするもので、コンパクトシティへの誘導を促進する意図で制定されています。

こうした都市計画の変更を行なうことで、多くの地域で人の住まないエリアが発生します。既存の道路や水道、電気ガスなどのインフラ設備も廃止し、行政コストを軽くすることも必要です。一方で田や畑として整備できるところは自治体が中心となって整備し、大規模農業を実践することで地域全体の荒廃を食い止めることも考えていかなければなりません。

大胆な都市計画の変更が求められます。おそらく変更といった生易《なまやさ》しいものではなく、新たに設定し直すといったこれからの地域のグランドデザインに基づいた新たな都市計画の設定が必要なのです。

これまでは市町村のレベルで行なってきたコンパクトシティの構想も、複数の自治体を跨《また》いだ広域の地域をひとつにまとめていくことが求められているのです。東京に流出しないで地方の若い女性が地元に留《とど》まれるだけの理由のある街を、それぞれの地域で構築し直すことが地方を蘇《よみがえ》らせる唯一の手法なのです。

「廃県置州」の必要性

廃藩置県。誰でもが学校で習う、明治時代に日本で実施され現代の行政組織の基本単位となっている都道府県制度の始まりです。この廃藩置県が実施されたのは明治4年（1871年）のことです。政権が江戸幕府から明治政府に移り、政府としては中央集権国家としての体制を整える必要性に駆られていた時代でした。

江戸幕府では幕藩体制が敷かれ、天領や旗本支配地と各大名からなる藩がそれぞれに存在し、行政を執行する形になっていました。明治政府になった後もしばらくは藩の体制は維持されていました。すなわち藩知事はそれまでの大名がそのまま就任し、藩の統治に当たっていたのです。

ところが、年貢を取り込み政府としての財政を健全なものとするには、旧体制のままでは効率が悪く、また人々の固定概念や価値観を変えることは難しかったようです。たとえば各藩には藩士と呼ばれる藩おかかえの武士がいました。彼らの中には旧江戸幕府に通じるものもいましたし、薩摩《さつま》、長州《ちょうしゅう》を主体とする新政府を面白くないとするものも多数存在しました。中央集権体制を構築するのには何かと邪魔な存在とも言えたのです。

このような背景で実施された廃藩置県は、明治政府内でも議論が沸騰、紆余曲折《うよきょくせつ》を経て現在の体制になるのですが、改革に伴い多くの副作用が生じました。特に全国で２００万人とも言われた藩士のほとんどが職を追われました。また藩知事であった大名たちもそのほとんどがその職を解かれ、東京への移住を命じられています。

現在の都道府県制度のもとで、今後空き家問題から発展して空き自治体の急増が予想されています。自治体の体《てい》をなさない行政組織の蔓延は、新たな制度構築の必要性が求められているのではないでしょうか。

実はこれまでも、現状の都道府県体制の枠組みを変更しようとする議論は盛んに行なわれてきました。道州制の導入などがその代表的なものです。

道州制とは、北海道を除く都府県を廃止し、全国をいくつかの州に分け、国は「小さな政府」として政府機関を縮小、同時に地方交付税を削減して州の独立性を図《はか》っていこうというものです。

自治体の消滅が憂慮される中、ふたたび道州制導入の議論が沸き起こりそうな気配です。ただ、この道州制ですが、議論している人（おもに政治家）や議論を行なっている人の属する組織によっていろいろな思惑があります。一見すると地方分権の推進のようにも映りますが、一方では住民の自治など権限を限定した上で、行政機関としての国の役割は温存して中央集権化を強化しようという考えもあります。

どうもこの手の議論になると、役所同士の権限争いや足の引っ張り合いばかりが表に出てきて、肝心のこれからの日本をどうしようという事業戦略的な議論がどこかに置き忘れられてしまうところがあります。もはや役所や役人、政治家が小手先の改革によって甘い汁が吸えた時代は過ぎ去り、日本国の存続のために何をなすべきか真剣に考えなければならない時が来ています。

まずは自治体の数を大幅に削減する。守るのではなく組み替えることからスタートです。この組み替えの企画立案は中央集権的な発想で行なうべきでしょう。これを現場任せにしては絶対に結論が出ません。企業でいうところの会社が目指すべき戦略の立案は、本社の中枢が行なわなければどうにもなりません。

ましてや住民の意見を幅広く聞く意味で「住民投票」をやりましょう、などというのも自ら決定する意思能力の欠けた対応と考えざるをえません。骨格は国家によって決めるしかないのです。

その上で、都府県を廃止して州制度を導入すべきです。各州にどれだけの権限を持たせるかも問題ですが、その前に各州で維持する自治体の数をあらかじめ決定することです。その制約を課《か》した上で、各州ごとの都市計画を国に提出させることからスタートしてはいかがでしょうか。既存の自治体ありきでは、州は自治体の集積にすぎなくなってしまいます。まずは自治体を今一度くくり直す作業から始めることで、都市機能の組み替えが可能となります。その上で各州ごとの予算を決め、その実行機関として州政府を組成する。いわば企業の本社と部署のような役割分担です。

これはひとつの私案にすぎませんが、一度制度を壊す、そこから新たに組み立て直すことで国家の骨格を再構築することが求められていると思います。既存の勢力や権限を前提に変革しようとしても、結論は常に最大公約数的なものにしかならず、カネと時間をかけたところで効果の薄いものとなってしまうからです。

廃藩置県で200万人の人が失職したわけですが、道州制の導入にもさまざまな副作用があることでしょう。しかし、構造の改革は本来多くの痛みを伴うものとならざるをえないのです。もし、痛みもなく傷口がふさがり、癌《がん》も治療できているのならば最初から大きな問題ではないのです。

日本の現在置かれている状況は、そのような軽い症状ではないのです。ただ、検診でわかっただけで本人には自覚症状はあるものの、まだ真剣にこの病《やまい》と向かい合っていない状態が、今の日本なのです。

私権への挑戦

自治体を再編して、都市計画を全面的に再構築する。口で言うのは簡単ですが、実際の運用となると数多くの問題にぶつかります。そのもっともやっかいなものが私権ではないでしょうか。

空き家はいらない、という気持ちが日本人の根底にあると言いました。しかし、家の存在にこだわる人はいます。理屈としては「売れない」「貸せない」家にもう住む予定もないのなら、不動産価値は限りなくゼロに近いのだから、土地建物ごと拠出してしまえばと合理的に考えることができても、私権にはいろいろな思惑も絡むものです。机の上での考えどおりに世の中は進みません。

日本は民主主義国家ですから、私権が著しく制限されることはけっしてあってはなりませんが、少なくなった自治体が限りある行政資源の中で地域を運営していくにあたっては、一方で大胆な都市計画の変更、再設定が必要になります。その上位計画から零《こぼ》れ落ちる家屋や住民に対しては、一定の保護や保証を与える一方で、ある程度の私権の制限についても考えていく必要がありそうです。

マンションの建て替えなどにおいても一部の住民の権利だけを整理できないがゆえに全体を変えることができない事例が頻発しています。個の権利をどこまで守るのか、それは古今東西ずっと対立し続けてきた概念とも言えます。

しかし、現代の日本においては不動産の価値が今後大きく向上することは少なく、むしろゼロに近づいていくような地域や土地建物については、もう少し柔軟な都市計画にのっとってドラスティックに変更を加えるような施策を盛り込むことも、考えていくべき時なのかもしれません。

私権によって、土地政策は常に政府と民間の考え方や思惑との狭間《はざま》で揺れ動いてきています。地価が急上昇すると、どこの国の政府もこれを抑え込もうとしてさまざまな施策を繰り出します。しかしその多くが現実を直視しない理念だけに基づいたものであることから、土地に対する需要をいたずらに減退させたり、景気そのものの腰を折ってしまうことになります。

土地は古今東西、なかなか人間の意思通りにコントロールできないやっかいな存在でもあります。しかし、日本の土地政策は今、大きな岐路を迎えています。国として何らかの政策を考えていかなくてはならない時代になっています。副作用を恐れてこのままの状況を続けるのならば、日本の中の多くの土地が価値を失い、下手《へた》をすると国土の多くが何にも利用されない荒れ果てた野原に戻ってしまう恐れさえ出てきています。

このままの人口減少を放置する先に、日本の明日は開けないのです。

多数決が正しくないという発想

なんでも多数決で物事を決めましょう。私たちが学校で学んできた民主主義の基本です。みんなの意見を聞く、そしてたくさんの人が良いと思う案や方向で物事を決めていく、世の中が順風満帆の時にはこのやり方でつつがなく過ごしていくことができます。

しかし一方で、生きるか死ぬか、方向を決めることによって運命が定まるような重大な結論を出さなければならない場合、多くの人は自分自身の決定には自信がなく、難しい物事を判断し、決断をしてくれるリーダーを求める傾向にあるようです。

日本の場合はどうでしょうか。日本はよくリーダー不在の国などと言われます。物事の決断が遅く、何事も合議制で全員のコンセンサスをとって物事を進めようとします。極端な意見はどちらかというと排除されやすく、みんなで考えて調和のとれた無難な選択を行なう傾向があります。

この傾向は昔から強かったわけでもなさそうです。太平洋戦争などは、一部の軍部の暴走を政治家や官僚が止めることができずに最悪の状況まで突き進んでいってしまった、典型的な事例です。

日本の今の思考回路は、どうも戦後民主教育の賜物《たまもの》であるようです。ところがこの広く行きわたった民主教育が、一方で弊害も生んでいます。

ビジネスの世界でも、日本の多くの会社は社内のコンセンサスを得るのに時間がかかる傾向があります。もちろんビジネス上の課題を解決するにあたってはいろいろな方向から物事を考え、全員が納得して事《こと》にあたるのが理想です。しかし、ビジネスには「とき」が勝負を決してしまう場合もあります。この状況に接すると日本は特に世界の表舞台で、他国との競争に敗れるケースが頻発しています。

私がある仕事でミャンマーのヤンゴンに出向いた時の話です。素晴らしい不動産の売却案件を紹介され、土地の売主に対してはこれをぜひ日本の企業に売却したいと申し出ました。その時、売主はにこやかに笑いながらおっしゃいました。

「いいですよ。日本の方にぜひお売りしたいです。でも決断してくれますか。日本人はみんなにこにこしてよい人ですが、決断してくれません。東京の本社に戻って根回しして稟議《りんぎ》にかけないと決断できないようですね。そんなことに3カ月も4カ月もかかっていたのではちょっとね」

とやんわりと断わられてしまいました。聞くところによればシンガポールや中国、香港、ベトナム、韓国のビジネスマンはみんなその場で判断し、結論を出すといいます。韓国人に至っては、その場で札束まで積み上げるパフォーマンスで勝負してくるそうです。これでは日本企業はとうてい太刀《たち》打ちできません。

多数決をとるという行為は、一方では「誰も責任を取らない」という行為にも繋がるものがあります。赤信号、みんなで渡れば怖くないという笑い話がありましたが、これは一方では誰も責任を取らなくてもよい、という逃げ口上ともなります。

さて今の日本社会ではこの民主主義の悪い傾向が、ちらほら出始めています。日本社会を構成する国民の多くが高齢者になっているということです。高齢者の方々はどうしても考え方が保守的になります。昔はやんちゃでも数多くの失敗をする中で世の中の秩序を覚え順応していくのが多くの方の人生ですので、保守的であることを非難しているわけではありません。

しかし、この高齢者が社会のほとんどを占めてしまうと弊害が起こります。

現在日本の有権者の数は国内外を含めて約1億４００万人です。このうち50歳以上の有権者の割合は現在では約54％ですが、東京五輪が開催される平成32年（２０２０年）になるとその割合は60％にもなります。つまり衆議院議員になるためには、若者の支持をとりつけるよりも高齢者の支持を受けるほうが、選挙に当選する確率は圧倒的に高くなるのです。

そして多くの高齢者は、この先長く生きることを想定していませんので、どちらかといえば目の前の問題であっても「問題先送り」を主張し、現在享受できている権益を守ろうとするものです。

今後、都市計画を変更する、私権をある程度制限しても新しい枠組みを作ろうとする中で、おそらく反対するのは圧倒的に高齢者になる可能性が高いように思われます。ましてやその方々の支持を得られなければ選挙で落選する政治家が日本国のために大胆な政策を実行できるのか、やや不安になります。

震災後の復興を巡っても地元の若い方に聞くと、地元ではどちらかといえば若い人たちの新しい意見は採用されず、高齢者の主張が通りやすいのだそうです。圧倒的に高齢者の票数が多い中、多数決で物事を決めている限り、保守的な問題解決の手法ばかりが講じられ、本質的な事態解決への道筋はなかなか採用されず、いつかあの輝かしい日がまた蘇るのでは、という健康食品のCMのような想いにだけ浸《つ》かっているのが現状なのだそうです。

復興においてもこんな状況です。都市計画の策定には相当なエネルギーが必要になります。日本の価値観の変化を見落とさずに行動することです。

「ひと」の配置を考える

自治体をまとめ、新しい都市計画を策定しても人々がどんどん首都圏や東京に吸い込まれていったのでは、事態はいっこうに解決しないことになります。日本の国内における「ひと」の再配置が必要です。

地方への移住についてはかなり昔からテーマとなっていたことです。定年後の新しい生活として地方へ移住したり、サラリーマンをやめて地方に新天地を求める、あるいは親の家を継いで移り住むなど、さまざまなケースがあります。それでもその規模は小さく、大きなトレンドを形成するには至っていません。きわめて個人の問題に収斂しているのがこれまでのケースです。

しかし国家プロジェクトとして「ひと」を再配置するとなると、仕掛けは大掛かりになります。人口が減少し、自らの数も減少する一方の地方自治体に、いったいどうやったら人々は戻ってくるのでしょうか。

このきっかけとなるのが、皮肉なことに地方ではすでに高齢者が減少し始め、高齢者用の施設に空きが出始めていることです。施設の中には利用者の減少で経営が苦しくなっているところまで出てきています。

一方で先ほども触れましたように、首都圏では医療施設、介護施設や高齢者用賃貸住宅のすべてがまったく足りない状況に陥っています。これでは高齢者は首都圏から脱出せざるをえません。

これからの地方は高齢者がいなくなるのを逆手にとって、新たに首都圏などで溢れた高齢者を招き入れるのがもっとも手っ取り早い人口回復策なのです。高齢者から高齢者へ、なんだか夢も希望もないかのように感じられますが、高齢者用施設が健全に運営できれば雇用が生まれます。雇用があれば若い人たちも地元に残ってくれる可能性が高まります。理想を言えばキリがありませんが、まずは「ひと」を増やす、そこに仕事が生まれる、この好循環をとにかく早く実現していくことです。

都会から、「ひと」が戻ってくれば高齢者用施設だけでなく、施設を訪れる家族もやってきます。お店も必要になります。宿も必要になります。結果として雇用が生まれます。暮らしにくくなった都会を捨てて親のいる地方へ移住を考える人も増えてくるかもしれません。

そのためには散漫に広がってしまった地方の行政区域を狭い領域に集約し、このエリア内で快適な地方生活が営まれる環境を構築していくことです。

今までは東京や大阪をまねるだけの都市しか考えてこなかった地方都市。「ひと」、「もの」、「かね」を一カ所に集めることで、既存の価値観を打破した新しい都市計画のもと、高齢者も若い人たちも共存共栄できる街づくりを行なうことで新たなる活路が見出せるのです。

九州や四国などはすでに医療機関や高齢者用施設にはだいぶ余裕ができているとのことです。首都圏でこれから健康寿命を超えていく多くの高齢者はこうした地方への移住も視野に入れることで、安心して生活ができるようになります。東京と地方との間に「ひと」の交流が生まれます。

20年後にはおそらく多くの高齢者が、自分たちにとっては首都圏は暮らしていくことが難しい地域であることを実感し始めます。その受け皿として地方の出番が来るのです。多くの人たちがこの現実に気づき、早めに地方への移住を考えるようになるかもしれません。その時までに、地方で溢れかえる空き家についても権利を整理し、東京からやってくる高齢者にも満足していただける受け皿を用意できれば、新しい需要を掘り起こせるかもしれないのです。

「知恵」を売る時代へ

これまでの価値観が大きく変わる時代を迎えている日本。戦後の高度成長を経《へ》て「ものづくり」の看板で世界に大きく羽ばたいてきた日本は今、国全体に老いが忍び寄り、活力が徐々に失われつつある状態にあります。自慢のものづくりも今や国内ではなく、ほとんどがアジアやASEAN諸国などの海外へ、活躍の場所を移しています。翻《ひるがえ》って国内の農林水産業、小売業や建設業も、外国人労働者の手なくしては立ち行かない状況に陥りつつあります。この「人がいなくなる」という予兆となっているのが、増加し続ける空き家の問題なのです。

それではこれから先の日本は、ただ老いさらばえるだけなのでしょうか。そんなことはありません。人の数が少なくても生きる道はたくさんあります。今までのように「量」に頼った経済論理は、正直なかなか成り立たなくなりつつあります。一部には、急増する高齢者向けの商品やサービス、あるいは外からやってくる外国人観光客などを相手にした産業は、今後の需要の大幅な伸びを享受できます。

しかし、それ以外の産業で「数の論理」で戦えないのならば、「知恵の論理」で勝つしかありません。国土を再編して人を一定の場所に集める。日本人が今まで培《つちか》ってきた事業のノウハウやソフトウエアを結集して外部に売る、価値観の変更です。

たとえば、日本のホテルでのおもてなし、接客ノウハウを、今は外国人が必死に学ぼうとしています。建物の管理運営ノウハウやセキュリティなどはアジアやASEAN諸国では、まだまったく未知の領域です。建物なんてただ作ればよいと考えていたこれらの国の人々も、資産として不動産を保有してみると、初めて私権に対しての意識が生まれ、自分の財産を大切に維持管理しなければならないという発想が芽生《めば》えるのです。日本のきめ細やかな管理ノウハウの登場です。

これからの日本は、こうした「知恵」を売る新しい時代を迎えようとしています。この知恵の裏づけになっているのは、高齢者の方々が今まで真面目にがんばって築き上げてきた知恵でもあり、若い人たちの過去の因習にとらわれない新しく独創的な知恵が結集した姿なのです。

こうした中で、家という価値観もまた新しい展開を見せていくように思います。空き家の存在を嘆くよりも、この状況を引き起こしている時代的背景を読み解き、これから展開される新しい時代の価値観に対応していくこと、このことに対してのまさに日本人の知恵が問われています。

日本の輝き方

日本が東京五輪を節目にかつての輝きをどんどん失っていくのか、考え方や価値観をガラリと変えて、国としての新しいモデルを構築して再び燦然《さんぜん》と輝きだすのか、この10年ほどが非常に大切な期間であるように思います。

特に戦後70年近くが経過し、既存の価値観が硬直し、権益が固定化してしまった日本において、「チェンジ」することへの恐怖感が改革への行動を阻《はば》んでいます。

しかし、ここで今一度、日本の国の構造を根本から変えていく勇気を持たない限り、これからの日本にとって「輝かしい」未来へのグランドデザインは描きようがありません。変革へのロードマップを知恵の結集によって作製することが求められているのです。

日本は今まで培ってきた製造業のノウハウ、日本人の特徴ともいえる正確で几帳面なキャラクターを活《い》かした技術力、分け隔《へだ》てなく世界中の人とつきあい、協力を惜《お》しまない柔軟性、相手に対するこまやかな気配り、ホスピタリティー。「売り物」はたくさんあるのです。明治維新、太平洋戦争、幾多の国難にあたって、われわれ日本人は意外にもあっさりと国としての価値観を変革し、時代の流れに対応をしてきました。

大きな国難がふたたび生じてやっと気づくのではなく、この静かに深く潜行している「日本国の危機」に対して、今から国を挙げて改革をしていく勇気を持ちたいものです。

おわりに　認知症が進む日本の未来

ＡＳＥＡＮ諸国と呼ばれる国々があります。ＡＳＥＡＮとは東南アジア諸国連合を指しますが、最近ではこの地域のすべての国がＡＳＥＡＮに加盟したので、今ではＡＳＥＡＮという呼称が東南アジアの地域全体を指す言葉ともなっています。

この地域の人口は6億人。急増する人口と著《いちじる》しい経済発展。日本にとっては中国との外交上のクライシスが増す中で、チャイナプラスワンの有望エリアとして企業の進出計画がひきもきりません。

私もこの地域での不動産関連の仕事が増え、ＡＳＥＡＮ諸国との行き来が頻々《ひんぴん》になってきました。先日も仕事で10日間ほど、シンガポール、ミャンマー、タイを回りました。どこに行っても若い人が躍動し、消費は活発。バンコクのショッピングモールは若い買い物客で溢《あふ》れ、市内を走る高架鉄道ＢＴＳはかつての日本の山手線のような混雑です。

ミャンマーも、アジア最貧国などといわれたのがウソのように都市化が進行。通りを歩く若者たちの目が輝いているのが印象的でした。

翻《ひるがえ》って日本。出張を終えて羽田空港に降り立った私は、しばしその場で立ちすくんでしまいました。歩いている人たちが私を含めみんなおじさん、おばさんなのです。若い人がいません。若さから出る強烈なエネルギーを浴び続けたASEANから、すべてがゆったりとして動きが緩慢《かんまん》な日本。

そして、自宅に戻ってテレビをつけるとCMの多くが中高年者向けの健康食品の宣伝で「あの頃の活力を取り戻しませんか」と訴え、ニュースは「老人の認知症にどう向き合うか」の特集、あるいは10年前の事件、出来事を反芻《はんすう》する番組ばかりです。

社会の成熟といえば聞こえはよいですが、未来に向かって日本はどう進んでいかなくてはならないかを考え、今後確実に日本を襲うであろう危機に対して真剣に向かい合わなければならないのに、社会はあまりにものんびりしています。

都内を歩くと次々とクレーンが立ち並び、オフィスビルは続々建て替え中です。新築マンションも売れるのがあたりまえのように供給されています。一見すると世の中は好景気のようです。なんだか若かったあの頃の自信を取り戻せるかのような感覚がしてきます。でも鏡をのぞいてみましょう。そこに働く人たち、歩く人たちや暮らす人たちの顔は、着実に高齢化していることに気づかされます。

東京の日本橋室町。ここに私の古巣である三井不動産が巨大なオフィスビルを完成させました。低層部には日本橋の老舗《しにせ》をはじめ、和をテーマとしたたくさんの物販や飲食店舗が立ち並び、連日大変な賑わいです。

今までの開発では判でおしたように低層部はブランドショップや高級レストランが軒《のき》を連ねるものが多かったのに、日本橋ブランドを前面に押し出した良い企画。ところがここに押し寄せる大変な人出をよく観察してみると、歩いているのは高齢者ばかりです。若い方の顔はほとんど見えません。マーケティングとしては確かに素晴らしく、こういった客層を三井不動産が当初から狙《ねら》ったこともあきらかですが、それにしても、巣鴨のとげぬき地蔵がそのまま日本橋に引っ越してきたかのような光景です。この事象を私たちはどう考えればよいのでしょうか。

空き家の急増を今さら止めることはできません。邪魔だからといった「排除」の論理だけでは、問題の解決にほど遠いのが現実です。ところが、着々と進行する病魔に対して何の治療も施《ほどこ》さず、対症療法だけを繰り返すのが今の日本です。

やがて限界集落は消滅集落へ。集落どころか自治体が消滅。最後の砦《とりで》である大都市圏には老人が溢れかえり、満足な医療や介護も受けることができない姨捨山《うばすてやま》になりかねません。

豊かだからと言って、思考停止して問題をひたすら先送りしているのが今の日本。いわば、国全体が認知症になっている状態とでも申しましょうか。そして確実に進む骨《こつ》粗鬆症《そしょうしょう》。自治体という生活の基盤がスカスカになり、やがてはぽっきりと折れてしまう危険を私たちは認識しなければなりません。

今、日本橋室町を歩く高齢者たちの多くが退場する時代は、意外と早くにやってきます。人は死ぬ直前に一時的に元気を取り戻し、あたかも病魔から解放されたように元気になることがあるといいます。消えゆく炎は、消える瞬間に一番美しく輝くとも言われます。

東京五輪のフィナーレが日本のフィナーレへの序章、最後の輝きとならないように、私たちは冷静に国の行く末を見定めていかなければなりません。もうあまり時間は残されていないのですから。

切りとり線

★読者のみなさまにお願い

この本をお読みになって、どんな感想をお持ちでしょうか。祥伝社のホームページから書評をお送りいただけたら、ありがたく存じます。今後の企画の参考にさせていただきます。また、次ページの原稿用紙を切り取り、左記まで郵送していただいても結構です。

お寄せいただいた書評は、ご了解のうえ新聞・雑誌などを通じて紹介させていただくこともあります。採用の場合は、特製図書カードを差しあげます。

なお、ご記入いただいたお名前、ご住所、ご連絡先等は、書評紹介の事前了解、謝礼のお届け以外の目的で利用することはありません。また、それらの情報を6カ月を越えて保管することもありません。

〒101-8701（お手紙は郵便番号だけで届きます）
祥伝社新書編集部
電話03（3265）2310
祥伝社ホームページ　http://www.shodensha.co.jp/bookreview/

★本書の購入動機（新聞名か雑誌名、あるいは○をつけてください）

＿＿＿新聞の広告を見て	＿＿＿誌の広告を見て	＿＿＿新聞の書評を見て	＿＿＿誌の書評を見て	書店で見かけて	知人のすすめで

★100字書評……空き家問題

名前
住所
年齢
職業

牧野知弘　まきの・ともひろ

1959年、アメリカ生まれ。東京大学経済学部卒業。ボストンコンサルティンググループを経て、三井不動産に勤務。2006年、J-REIT（不動産投資信託）の日本コマーシャル投資法人を上場。現在はオラガHSC株式会社代表取締役としてホテルや不動産のアドバイザリーのほか、市場調査や講演活動を展開。『なぜ、町の不動産屋はつぶれないのか』『なぜビジネスホテルは、一泊四千円でやっていけるのか』『だから、日本の不動産は値上がりする』（いずれも祥伝社新書）などの著書がある。

空《あ》き家《や》問題《もんだい》
――1000万戸《まんこ》の衝撃《しょうげき》

牧野知弘《まきのともひろ》

2014年 7 月10日　初版第 1 刷発行
2015年 3 月20日　第10刷発行

発行者……………竹内和芳
発行所……………祥伝社しょうでんしゃ
〒101-8701　東京都千代田区神田神保町3-3
電話　03(3265)2081(販売部)
電話　03(3265)2310(編集部)
電話　03(3265)3622(業務部)
ホームページ　http://www.shodensha.co.jp/

装丁者……………盛川和洋
印刷所……………堀内印刷
製本所……………ナショナル製本

Printed in Japan　ISBN978-4-396-11371-1　C0236